葬儀屋から牧師へ
いのちの遺言

キリスト教葬儀の手引き／司式文例つき

町田 要一

イーグレース

目次

目　次

推薦のことば

この本の著者は、つい最近まで葬儀社に勤めた経験を持っている牧師です。

葬儀は、社会・文化・地域によって異なります。この本は、日本社会の中で行われているキリスト教葬儀を具体的に説明しています。特に「祈り」や「流れ」の実例は、牧師にとって参考になります。

この本の背後にあるものは、著者の堅実な信仰です。社会の習慣と妥協することなく、かつご遺族への配慮に満ちています。

日本基督教団牧師　鈴木崇巨《たかひろ》
（教文館刊『牧師の仕事』著者）

ラザロの葬儀の時、悲しみに暮れているマルタやマリヤ、弔問客をごらんになって、イエスさまは「涙を流された」（ヨハネ一一章三五節）のです。この著書には、人々の悲しみに配慮した証しが多く掲載されています。

復活の力ある方が弱い私たちとともに泣いてくださることや、涙をぬぐってくださる（黙示録二一章四節）天国での再会を信じているクリスチャンでも、愛する人とのしばしの別れは悲しいものです。この本を通して、慰めをいただけることは幸いです。

巡回伝道者　福澤満雄
（プレイズ出版刊『イエス様のかばん持ちの説教十選』著者）

葬儀にかかわることになった著者自身の波乱万丈エピソードに引き込まれた第一部。葬儀にまつわるドラマに涙した第二部。キリスト教葬儀のいろはを丁寧に教えてくれる第三部。いずれも一貫して神さまの愛が香ってくるのは、命を見つめる著者の眼差しが、主のそれととても近いからではないかと思うのです。葬儀が主の栄光となるよう願うすべてのクリスチャン必読の一冊に間違いありません。

ぶどうの木キリスト教会土浦チャペル牧師　岩佐めぐみ
（二〇一八年ドイツ児童文学賞受賞・童話作家）

はじめに

主はその母親を見て深くあわれみ、「泣かなくてもよい」と言われた。そして近寄って棺に手を触れられると、担いでいた人たちは立ち止まった。イエスは言われた、「若者よ。あなたに言う。起きなさい。

ルカの福音書七章一三～一四節

◆永遠のいのちに至る門

二〇〇八年に公開された映画「おくりびと」をご覧になった方も多いかと思います。主演の本木雅弘さんや多くの演技派俳優の熱演による、心に残る映画でした。大切な人をこの地上で亡くした人々が、それぞれの思いをもって故人を送り出すその姿には、宗教の違いを超えた共通の思いが感じられます。

この映画の中で、笹野高史さん演じる火葬場の火夫が「死は門だな」と言う場面があります。「死ぬっていうことは、終わりっていうことでなくて、そこをくぐり抜けて次へ向かう、まさに門です」と語るのです。また「たくさんの人を火夫として送ってきて思うことは、行ってらっしゃい、また会おうのぉ」だとも言っています。

イエス・キリストは「わたしは門です」と言われました（ヨハネの福音書一〇章九節）。その門を通って行く者は、神の国に入ります。キリスト教の葬儀では「神、共にいましていう讃美歌がよく歌われますが、その歌詞の繰り返し部分に「また会う日まで、また会う日まで」とあり、三番の歌詞には「御門《みかど》に入《い》る日まで」とあります。イエス・キリストが門であると同時に、その先に永遠のいのちと故人との再会の希望があるということが歌われているのです。私には、この讃美歌と映画の中の火夫のセリフが重なって聞こえました。

◆キリスト教の死生観

キリスト教葬儀では、参列くださった方に「感謝します」などと言ったりします。それはキリスト教信徒にとっては普段からよく使うことばなのですが、キリスト教に縁遠い方が聞くと「人が亡くなったのに感謝なの？」と違和感を感じることもあるようです。ですから死そのものを感謝していると誤解されないためにも、「主に感謝」または「ご参列、感謝です」

と言うことをお勧めしています。

「お亡くなりになった」という表現も、キリスト教的には「存在が亡《ほろ》び、無になってしまった」のではなく、永遠の天の神の御国へ召し上げられたという意味も込めて「召された」という表現を使うようお勧めしています。

キリスト教葬儀では、死を「この地上の人生を終えて、永遠のいのちへと続く通過点」と考えるので、死を「穢《けが》れ」とする概念より「天国への凱旋」とする強い意識があります。そのため、返礼品の中にお浄めの塩を同封しないご遺族が多いのも、仏式葬儀との相違点です。ご遺族や司式をする牧師の神学的な立場により違いはありますが、そこには天の御国での再会の希望があるので、他の葬儀とは捉え方も異なってきます。

◆葬儀は人生最後の証しの場

私がキリスト教葬儀社のスタッフとして、ある教会の葬儀を担当した時、「私の生まれた地元ではキリスト教葬儀でも教会の壁には白黒の幕を張っていたんです」と言う新任牧師を、古くからその教会にいる葬儀委員の方と共に説得したことがありました。

それまで私が葬儀スタッフとして担当させていただいた諸教会では、仏式のイメージが強い白黒の幕（鯨幕《くじらまく》）を用いる教会は一件もありませんでしたから、その時は白だけの幕をお勧めいたしました。

また、ある教会の葬儀ではご遺族代表の希望により色とりどりのお花を飾って、召された方のお人柄らしい花祭壇ができたのですが、すべてのセッティングが終わろうとしている時に牧師が来られて、その祭壇を見るなり「葬儀なんだから、もっと地味に白を中心としないと。それに、なぜ菊を使わないのですか」と立腹。まるで葬儀社が花祭壇の原価を安く抑えようとして菊を使わなかったと言わんばかりの口ぶりでしたから、ご遺族代表が必死に「自分たちの希望でこのようにしてもらったのだ」と説明することになってしまったケースがありました。

「白黒の幕や菊が良くない」ということではありません。しかしそれらは仏式の葬儀の雰囲気を醸し出してしまい、故人のクリスチャン人生最後のイベントとも言える証しの場として、ふさわしいとは言えないように思います。

もちろんどれが正解でどれが間違っているということではなく、あくまでも故人の生前の希望やご遺族の意向、ご参列くださる方への配慮が大切であることは言うまでもありません。

◆本著の目的

これらの経験を通して、次のような願いが私に与えられました。

・イエス・キリストと私自身が出会った道程を通して、死の恐怖からの解放と永遠のいのちをもたらす神を証しすること
・キリスト教葬儀に触れる機会の少なかった方や、キリスト教徒ではない方の疑問にお答えすること
・「キリスト教葬儀はただ無念さや悲しみだけで終わらない」と知っていただくこと
・キリスト教葬儀を通して、神の慰めの証しを伝えること
・キリスト教葬儀未経験の牧師や教会葬儀委員、葬儀の司会を担当される信徒の一助となる情報を提供すること

足かけ九年という短い期間ではありますが、キリスト教葬儀社のスタッフとして現場に遣

わされ、その際に培われた経験を、ここにまとめることにいたしました。

巻末には、これまでに私が携わった教会葬儀で牧師の方々が司式された内容や、複数の教団の式文などを参考にし、「キリスト教葬儀の手引き（召天から葬儀、納骨までの司式例）」を掲載いたしました。葬儀のプログラムや式文、会場のご案内、進行アナウンスの一例としてご活用いただければ幸いです。

なおキリスト教葬儀神学に関しましては、浅学な私の知識では説明が及ばないほど深く大きなものであり、拙著においても十分に説明できていない場合があるかと存じますが、その場合はなにとぞご容赦くださいますようお願い申し上げます。

今回、このキリスト教葬儀の入門書的な拙著執筆にあたって参考にさせていただいた参考図書は、巻末に記載いたしました。キリスト教葬儀について更に深く学びたい、キリスト教葬儀の具体的な内容についてもっと知りたいと思われた方は、それらの専門性の高い書籍を一読されることをお勧めいたします。

この拙著の執筆にあたって、出版社イーグレープ編集者の福島さゆみさんには大変お世話になりました。福島さんなくしてこのような形にまとまることはなかったでしょう。また巻末の「キリスト教葬儀の手引き／司式文例つき」をまとめてくださった元同僚のTさんには、

「新任牧師でもわかるように」という私のリクエストに応えて、お仕事のお忙しい中にもかかわらず何度も手直しをしていただきました。私の記憶が曖昧な部分を妻の直子が一緒に思い出してくれたこと、何よりも祈りで支えてくださった教会員の方々、そして折々の相談を祈りと助言をもって支えてくださった天野俊朗先生、渡辺晋哉先生、推薦文を寄せてくださった福澤満雄先生、岩佐めぐみ先生、査読をしてくださり、貴重なご意見をくださった鈴木崇巨先生への感謝を、ここに書き添えたいと思います。

二〇二三年六月二十日

足立花畑《あだちはなはた》キリスト教会牧師　町田要一

※本書では新日本聖書刊行会発行『聖書　新改訳2017』を使用しています。

※第三部の「キリスト教葬儀の手引き」における賛美の項目では、日本基督教団出版局発行の『讃美歌21』を一例として挙げています。

第一部　葬儀屋から牧師へ

◆生きる価値のない者とは

振り返ってみると、私がキリスト教葬儀への道に導かれたことには、私の生い立ちが深くかかわっているのかもしれません。

私は一九六三年（昭和三十八年）に東京の文京区白山、後楽園球場（現在の東京ドーム）のすぐそばで、三人兄弟の長男として生まれました。北海道から出てきた祖父は戦後に文京区で家具屋を起業し、すぐに何人かの職人を抱えるようになりました。その後の高度成長期には製造が注文に全く間に合わず、大繁盛の毎日だったそうです。職人による一つひとつの手作り家具は大手デパートへも納入しており、それなりに評判がよかったようで、あっという間に文京区内に何軒もの家を建て、当時流行っていた喫茶店なども経営していたほどでした。

やがて私の父が二代目社長として跡を継ぎましたが、父はどうも経営においては今ひとつだったようです。職人による手作りの家具は、大手家具製造会社の機械化による組み立て式家具の安さに圧されて納入先を次々に奪われていきました。デザインも次第に時代遅れとなり、新しいデザインの家具を作ってもまったく売れなかったため、経営は右肩下がりに急激に悪化して、父が祖父から相続した何軒もの家は、会社の借金の前に全て親族や知人の手に渡っていったそうです。

あまり働くことが好きではなかった父は、この頃から酒ばかり飲むようになり、それが影響してますます業績は悪くなっていきました。

そんな中、父は再起を賭けて思い切って家具屋を廃業し、最後に手元に残った工場ビルで、当時盛んだった雀荘（マージャン店）を開業しました。接待マージャンなるものが生きていた時代ですから、これはそこそこ繁盛しましたが、この頃から家の中のほとんどの権限は、実質的に店を切り盛りしていた母へと移っていきました。

どうやら主婦の時は埋もれていた商才が母にはあったようで、母はその後スナックも開業しました。これがお客に皿を洗わせるなど、どちらがお客だか分からないような接客で話題となり、連日連夜の満席で、大いに繁盛していたそうです。

さて、ここへ来て父の立場は全くなくなり、夫婦喧嘩も日常茶飯事だったので、私が小学校三年生の時、私と弟と妹の三人の子どもを全て母が引取る形で両親は離婚しました。

母は離婚の際、父からは一銭ももらわなかったそうですが、スナックを経営しながら父の雀荘に対抗するかのように、すぐに別のビルで新たな雀荘をオープンさせ、その直後に文京区西片に自宅一軒屋を建てました。

この頃から中小企業の社長さんたちや役員が母の店に集まるようになり、やがて母は「やり手のママさん」などと呼ばれて、高度経済成長期の真っ只中、誰でも何かすれば儲かる時代だったのかもしれませんが、地元では何かひとかどの人物であるかのごとく扱われるようになりました。

さて、私は家具屋の社長の跡取り息子から一転して飲み屋のママの倅《せがれ》となったわけですが、母は母子家庭であることへの負い目からか、はたまた自分の夫のような働かない男にはなってほしくないという思いからか、この頃から私たち三人の子どもに対する言動が日に日に厳しさを増していきました。

当時、母はよく次のようなことを言っていました。「たとえ専務であっても、社長の決裁なしには何もできない」「社長以外は男ではない」。だから「トップになりなさい。トップでなければ二番も百番も変わらないからね」と。それはまるで呪文のように、思春期の私の心にこびりつきました。ある政治家は「二番じゃダメなんでしょうか」と言いましたが、もしその政治家が母に同じ質問をしたとしたら母は「ええ、一番以外はダメですね」と即答したことでしょう。

そんな母の言いたかったことは、おそらく順位ではなく決裁権のことだったのではないかと思います。「経済的な決裁権を持てない者には、生きている価値はない」と言いたかったのでしょう。そのような環境で育った私は、次第に「社会で通用しない男には、生きている価値はない」と考えるようになっていきました。

では、この世に「生きている価値のない人間」などいるのでしょうか。生きている価値のない人など、神がお造りになるでしょうか。ところがその頃の私は、「経済力のない者には生きている価値がない」と思うようになっていたのです。

今にして思えば、それは一種のマインドコントロールだったのかもしれませんが、経済が破綻して自殺をしてしまう人に対して、私は「それはただ弱かっただけ。弱肉強食、自然淘汰の当然の結果であり、負け組であり、生きる価値を失った結果、その人が自らの人生に自ら決着をつけただけだ」と思うようになっていました。

母の店の常連客だった経営者のAさんは、私が小学生の頃から、親戚のおじさんのようにいつもやさしく声をかけてくれた温和な感じの方でした。しかし私が中学二年生の頃、そのAさんは癌と告知された後、治療の前に病院の窓から身を投げて自殺をしてしまったのです。後日、Aさんは地方で大規模な宅地開発に手を出し、騙されて多額の借金を抱えた直後に癌の告知を受けたのだと知りました。このことは中学二年の私にとって、途轍《とてつ》もなくショックな出来事でした。しかしその一方で私は、「Aさんは経済力のない者は生きている価値がないと自分で悟ったから自殺したのだ」と考えるようにもなっていました。

◆得体の知れないものに追われる日々

そのような環境で育ったためか、社会人になっても、私にとって働くことはただただこの世で生き残るためのものでしかなく、そこには労働による達成感も喜びも全くありませんでした。

ですから働いて得たお金で何か楽しいことをしよう、何かを買おう、おいしいものを食べよう、などということは、私には考えられませんでした。「自分の努力によって得た経済力によって、後ろから迫ってくる死を少しでも引き離す。そのためには世の中の人よりも多く働き、早く、効率よく、できる限りたくさん稼がなくてはならない」と考えるようになっていったのです。

　こうなると、後ろから自分を追って来るのは死だけです。その死に決して追いつかれてはいけない。当時の私はそう考えていました。

「何か得体の知れないものが、後ろから追いかけてくる」。この感覚は、私を病的なほど熱心に仕事に向かわせました。傍目には真面目な社員に見えていたと思います。入社した印刷会社で、文字を組むオペレーターとして配属されたのですが、そこで私の仕事ぶりを見た先輩オペレーターに、こう言われました。「おまえ、何かに取り憑《つ》かれているみたいで、なんか怖いよ」。そんな心理状態ですから、一心不乱に仕事をしているにもかかわらず、後ろから何かに追われている感覚があるので、とにかく休まず仕事をし続けていないと不安で不安でしかたがありませんでした。そこに周りは鬼気迫るものを感じていたのだと思います。

　そのような働き方をしていると会社からの評価は上がりますが、回りとのバランスを考えて仕事量を調整できないため先輩や同僚とうまくいかず、そのせいで職場の人間関係が険悪になってしまうこともしばしばでした。

しかし私は傲慢にも、「私は正しいことをしているだけだ。彼らのように手を抜いて適当に仕事をしていたら、やがてこの世の中で落ちこぼれて、最後には生きている価値のないものとして自然淘汰されてしまう。あのAさんのように死神に追いつかれてしまう」と考えていたのです（彼らは決して手を抜いて仕事をしていたわけではなく、普通に仕事をしていただけなのですが）。そして「自分は絶対にそうなってはならない、もっともっと頑張らなくてはいけない」と自分自身に更に鞭打って、なんの喜びもない中、無我夢中で働き続けていました。

それでもその後、恋愛もしましたし結婚することになりましたが、結婚するとますます「家庭を経済的に守っていかなければならない。自分の父のようなぐうたらな夫になってはならない」とほとんど休みも取らず、妻が大病で入院した時も、夫婦のいろいろな大切な記念日も、すべて会社に出て仕事をし続けていました。当然の結果として、その結婚生活は妻が私の元を去っていく形で、三年と経たないうちに終わってしまいました。

これは私の個人的な考えですが、人間は自分の目で見て学んだ以上のことはできないのではないでしょうか。人格的に成熟度の高い友人の父親は、やはりしっかりとした人格の持ち主だったと感じることが多々ありました。しかし父親のいなかった私は、生き方や働き方を父親の姿を見て学ぶ機会がありませんでした。社会人としてどのように生きるべきか、模範とすべき大人のモデルを私は持っていなかったのです。

◆死への恐れに取り憑かれて

やがて私は、寝ている間に冬でも布団がびしょびしょになるくらい汗をかくようになりました。「いったい自分の体はどうしてしまったのだろうか」と思い、病院で診察してもらうと、自律神経失調症ではないかとのことでしたが、はっきりとはわからないので、心療内科の受診も勧められました。

この時点で私は、心も体もクタクタな状態でした。毎朝、「いったい自分はなんのために働いているのだろう」と思いつつ目覚め、鬱《うつ》状態の体があまりにも怠《だる》くて、起きるのもやっとという状態が続きました。どうにか会社は休まずに出勤していましたが、指示ミスなどもしょっちゅう犯すようになり、挙句の果てには自分のミスを部下のミスと勘違いし、怒鳴りつけてしまったこともありました。

私は（いよいよ自分の背後に死が迫っている）と感じ、ついに自分は死に追いつかれてしまうのではないかという恐れの中、動かない体に必死に鞭打って働いているような状態でした。自分のいのちに死神が手をかけそうで、死神の手の気配から必死になって逃れようとしていたのです。


あなたがたを追う者がいないのに、あなたがたは逃げる。

レビ記二六章一七節

見えない何かに追われているような労働観が生み出すもの、それは「相談できる先輩はいない、同僚ともうまくいかない、家庭も失ってしまった、働けど働けど安心できない心、増してゆく虚無感、そして体の不調」でした。

俗に言うバツイチとなり、日々そんな重苦しい気持ちで生き続けるのは、大変なパワーが要ることでした。毎日毎日会社に出勤するのは非常な苦痛で、不謹慎にも毎朝、（大地震でも起こって電車が止まらないかな）と本気で思っていました。

あなたのいのちは危険にさらされ、あなたは夜も昼もおののき、自分が生きることさえ、おぼつかなくなる。あなたは朝には「ああ夕方であればよいのに」と言い、夕方には、「ああ朝であればよいのに」と言う。あなたの心に抱くおののきと、あなたの目に見る光景のゆえである。

申命記二八章六六〜六七節

不安と恐れから出勤時間の二時間前には出社し、昼休みは二十分ほどで切り上げて、三時の休憩も取りません。職場のポジションは手動機、電算機、DTPと三部門を経験し、全体の管理職となっていましたが、あまり部下に仕事を任せることができず、多くを自分で抱え込んでしまっていました。帰宅は終電が当たり前で、週の二、三回は深夜の一時二時に帰宅するという状態でした。

あまりにも劣悪な労働環境のため、入社してもすぐに辞めていく社員も多く、社員の定着率が非常に悪い会社でした。その分、同業他社より良い給与が出ていたので体力と技術に自信のある者だけが生き残り、得意先からは高い評価を得ていました。しかし、そんな絵に描いたようなブラック企業では、ほとんどの社員は辞めていってしまいます。ですから慢性的に人手が不足していて、面接は随時行われていました。

◆キリストとのファースト・コンタクト

そんな中、一人の女性が入社してきましたが、彼女は厳しい職場環境にあっても、私の目にはとても穏やかに見えました。忙しい仕事の合間を縫って何度か一緒に食事をする機会があり、いろいろな話をしているうちに、彼女がクリスチャンであることがわかったのです。

当時の私は、「宗教とは心の弱い者がすがるものだ」と思っていましたので、（何かしらの弱さなり悩みを持っている人なのかな）と思っていました。悩みでもあるなら聞いてあげても良いかと思っていましたが、どういうわけか、気がつくと私のほうが自分自身の今までのことなどを彼女に話すようになっていました。

一九九五年三月、一年ほどの交際を経て、私は彼女と結婚することになりました。当時、彼女の通っていた教会の牧師先生からの勧めもあって、その教会でささやかな結婚式を挙げていただきました。しかし、私はその時点では洗礼を受けませんでした。

この頃、印刷業界ではそれまでのDTPの制作システムから、マッキントッシュによるものへとシステム全体が移行しつつありました。四度目のシステム移行のための勉強がとても大変だったことと、その会社の業務があまりに過酷だったため、夫婦共に疲労が重なって倒れ、さらに妻が肺炎をこじらせて入院し、あわや死にかける事態となってしまいました。そこで双方の親にも相談し、新婚早々ではありましたが、転職することを決断しました。この転職を機に、私はオペレーターから営業職へと職種を替え、キャリアとしては一から出直すことになりました。

◆日曜は仕事をしないほうが良い？

当時の私はまだキリスト教信仰を持っておらず、日曜日に仕事がある場合は当然それを優先すべきだと思っていました。ところが結婚してしばらくすると、妻が「日曜日は仕事をしないほうが良い」と言い出し、毎週日曜日には夫をほったらかして教会の礼拝へと出かけて行くのです。私は「自分が日曜に教会に行くのはいいが、私に日曜は仕事をするな、とはどういうことか」と怒鳴ってしまいました。しかし彼女の論理は至って簡単でした。それは「聖書にそう書いてあるから」ということでした。

六日間働いて、あなたのすべての仕事をせよ。しかし七日目は、あなたの神、主の安息日である。あなたはどんな仕事もしてはならない。出エジプト記二〇章九～一〇節
（※この聖句の「安息日」とは、金曜日の日没から土曜日の日没までを指します）

当時の私は「なに寝言を言ってるんだ、働かないでどうやって食っていく」と妻に捨て台詞を吐いて日曜も会社へ向かう有様で、そんな日々が四年ほど続きました。

この四年の間に、妻は神戸にあったキリスト教神学校の通信生となっていました。神学校の勉強に必要だったのでしょう、その頃からいろいろな訳の聖書や注解書が本棚や食卓の上に並ぶようになりました。私も暇な時にそれらをパラパラと読んだりしていたのですが、聖書や注解書を読んでいるところを見られるのは、妻の信仰に負けたような気がしてなんとなく嫌でした。ですから妻が外出した時などにこっそり読んでいたのですが、当時はほとんど意味がわかりませんでした。初めに読んだ箇所が悪かったのかも――いえいえ、後になって

考えれば、実に適切な箇所を神は与えてくださっていたのですけれども。

天の御国は、自分のぶどう園で働く者を雇うために朝早く出かけた、家の主人のようなものです。彼は労働者たちと一日一デナリの約束をすると、彼らをぶどう園に送った。彼はまた、九時ごろ出て行き、別の人たちが市場で何もしないで立っているのを見た。そこで、その人たちに言った。「あなたがたもぶどう園に行きなさい。相当の賃金を払うから。」彼らは出かけて行った。主人はまた十二時ごろと三時ごろにも出て行って同じようにした。また、五時ごろ出て行き、別の人たちが立っているのを見つけた。そこで、彼らに言った。「なぜ一日中何もしないでここに立っているのですか。」彼らは言った。「だれも雇ってくれないからです。」主人は言った。「あなたがたもぶどう園に行きなさい。」夕方になったので、ぶどう園の主人は監督に言った。「労働者たちを呼んで、最後に来た者たちから始めて、最初に来た者たちにまで賃金を払ってやりなさい。」そこで、五時ごろに雇われた者たちが来て、それぞれ一デナリずつ受け取った。最初の者たちが来て、もっと多くもらえるだろうと思ったが、彼らが受け取ったのも一デナリずつであった。彼らはそれを受け取ると、主人に不満をもらした。「最後に来たこの者たちが働いたのは、一時間だけです。それなのにあなたは、一日の労苦と焼けるような暑さを辛抱した私たちと、同じように扱いました。」しかし、主人はその一人に答えた。「友よ。私はあなたに不当なことはしていません。あなたは私と、一デナリで同意したではありませんか。あなたの分を取って帰りなさい。私はこの最後の人にも、あなたと同じだけ与えたいのです。自分のもので自分のしたいことをしてはいけませんか。それとも、私が気前がいいので、あなたはねたんでいるのですか。」このように、後の者が先になり、先の者が後になります。

マタイの福音書二〇章一～一六節

正直なところ、私が当時ここを読んだ感想は「なんのこっちゃ」であり、「同一労働同一賃金という観点から見ると、現代なら労働基準法違反じゃないかな」などと、この箇所の意味が全く理解できませんでした。実は「後の者」とは「私」自身であったと知ったのは、それから何年も経ってからのことでした。

◆挑戦的な祈りと神との約束

そんな日々の中、妻は自分の両親と同居するため、住宅の購入を望んでいましたが、私は「経済的にも無理がある」と思ったので反対していました。その一方で、私は妻に隠れて読んだ注解書のよくわからなかった部分を思い出し、こんなことを考えていたのです。「神さま、あなたが『全て自分に委ねよ』とおっしゃったのですから、どうぞあなたが家を建ててください。私はいっさい努力をしませんが、それでも家が建ったなら、私はあなたを信じてあげましょう」。こんな妙な理屈を作り出し、この自宅購入に対して、私は全面的に後ろ向きな努力をすることにしました。

今になってみれば、部屋に置いてあった妻の注解書から、全く意味不明な解釈をよくぞ勝手に作り出したものです。しかし、自宅は妻の望みどおりに建ち始めます。

さて、当時は信仰を持っていなかったとはいえ、私は神と約束してしまっています。母は私が幼いころから「たとえ何があろうとも、約束を守らない男は男ではない」と言い続けていましたし、何しろ自分から神に対して挑戦し、宣言した約束ですから、それは守らなければなりません。私は四年半の悪あがきをやめて観念し、一九九九年八月十五日の終戦記念日にイエス・キリストを主として受け入れ、洗礼を受けました。それはまさに私の無条件降伏の日であり、妻との信仰をめぐる戦いが終結した日、そしてなによりも神との終戦記念日でありました。

「あれ？ そういえば小学生の時に流行っていたノストラダムスの大予言では、一九九九年七の月に空から恐怖の大王が降りてきて、地球は滅びるんじゃなかったっけ？」と苦笑いしながら教会で洗礼を受けた帰り道、妻と青い空を見上げたのは、とても暑い夏の日でした。

◆神が与える試練とは？

洗礼を受けてほどない日、妻からとある聖会（キリスト教の集会）に誘われました。いつもなら断るのですが、なぜかその日は一緒に新宿厚生年金会館へと向かったのです。ゲストスピーカーは株式会社鐘紡にて専務取締役を務め、その後カネボウ薬品会長を歴任された三谷康人さんという方でした。

そこで三谷さんが話された内容は、信仰を持ったばかりの私にとって衝撃的なことでした。彼は「信仰を持つということは、ただ弱い者として神にすがるということとは全く違う」と言われたのです。神にあって信仰に生きるとはどういうことで、何が正しいのか。また、実生活と社会の中で、その信仰を貫き通すとはどういうことなのか。私は三谷さんのことばに、弱さどころか神にあって正しく生きようとする者の強さを感じました。

自ら犯した失敗を隠し、自分を少しでも大きな者に見せようとすることが蔓延しているこの世の中にあって、ご自身の失敗の経験すら隠そうとせずに語る謙虚な態度にも、大きな感銘を受けました。

三谷さんは「キリスト教信仰を持てば、全てがうまくいくというものではない」、いや、それどころか「むしろ信仰を持っているがゆえ、神の前に正しく生きようとするがゆえに与えられる試練が数多くある」とも言われました。

「与えられる試練」「神が試練をお与えになる」――私にとって、それは全く聞いたことのない考え方でした。私の知っている神頼みといえば「家内安全、無病息災、商売繁盛」といった良いご利益のためであり、悪いことは「因果応報、自業自得、自分の罪の罰」に違いないと考えていましたから、「神がお与えになる試練」ということばの意味を、すぐに理解することはできませんでした。

しかし、それでも三谷さんの証しには、神に生かされている者の強さのようなものを感じました。「信仰は弱い者がすがるものではなく、弱い者も神にあっては強く生きることができる」という思いを、私は神から与えられました。

妻に誘われても全く行く気のなかった講演会でしたが、講演終了後にロビーで販売されていた三谷さんの著書を購入した私は、しっかりご本人のサインもいただいたのでした。

◆死に打ち勝ついのち

ちょうどその頃、教会の礼拝メッセージの中で、私は人生のターニングポイントとなったみことばに出会いました。

私は知恵の道をあなたに教え、まっすぐな道筋にあなたを導いた。あなたが歩むとき、その歩みは妨げられず、走っても、つまずくことはない。訓戒を握りしめて、手放すな。それを保て。それはあなたのいのちだから。

箴言四章一一～一三節

「それはあなたのいのち」という聖句の「それ」とは、そして「あなたのいのち」とはいったいなんなのか。いつも死が追いかけてくる感覚に捕われていた私にとって、「あなたのいのち」とは何か。これは私が本当に知りたいことでした。このみことばに出会ってから、社会生活と信仰との狭間で悩む私と聖書の神との対話が始まりました。

振り返ってみれば、どういうわけか私の人生において何年かおきに、周囲の知人・友人がさまざまな理由で自らのいのちを絶つということが起こっていました。幼稚園から中学まで一緒だった同級生、母の店の近隣のビルの娘さん、前出の経営者のAさん、同級生のお兄さんとお父さんが次々に、そして行きつけのガソリンスタンドのご主人まで。みな人柄も良く、温和な方々でした。しかしある日突然、彼らは私の前から消えてしまったのです。やがて私は、この方たちを思い出す度に自分自身も希死念慮を持つようになっていました。しかし神はそんな私に、次のみことばを与えてくださいました。

そして、この朽ちるべきものが朽ちないものを着て、この死ぬべきものが死なないものを着るとき、このように記されたみことばが実現します。「死は勝利に呑み込まれた。」「死よ、おまえの勝利はどこにあるのか。死よ、おまえのとげはどこにあるのか。」

死のとげは罪であり、罪の力は律法です。しかし、神に感謝します。神は、私たちの主イエス・キリストによって、私たちに勝利を与えてくださいました。

コリント人への手紙第Ⅰ・一五章五四～五七節

私は「死なないものを着たい」、「死に勝利する者になりたい」と思いました。信仰を持ったばかりの私には、まだまだこの聖書のみことばの深いところは解りませんでしたが、大きな支えを得たように感じました。

転職後の慣れない営業職、工場での人間関係、製品事故や他社との競合、締め切りに追われての残業の連続。これらをただ信仰によって乗り越えていけるほど、私の信仰はまだ成長していませんでした。結局、飲酒による失敗、イライラして喫煙を続けたことが原因の胃炎や扁桃腺炎の入院など、信仰を持ってからもたくさんの失敗を重ねてしまったのです。

そんなある日、礼拝のメッセージが本当に心に響きました。神が私を愛してくださっていることが、心の深いところで理解できた瞬間だったとも言えます。私は「神から遠く離れて生きてきた」という自分の罪を知りました。御霊の導きによって、十字架の意味が私の心の中に深く刻まれた時でもあります。

神は、実に、そのひとり子をお与えになったほどに世を愛された。それは御子を信じる者が、一人として滅びることなく、永遠のいのちを持つためである。

ヨハネの福音書三章一六節

「永遠のいのちが与えられた」と感じたその瞬間、「これが本当の平安なのだ」と心から思いました。私はその日、生まれて初めてと言っていいくらい、ぐっすりと眠ることができたのです。その夜のことは、今でもよく覚えています。

この時から、私にとって働くことの意味は死から逃れるためのものではなく、永遠のいのちに向かう準備へと、徐々に変わっていきました。それは私が死を免れられるという意味ではありません。私もいずれ死にますが、それらは全て神がお決めになることです。そして、それは居もしない死神のようなものに追いつかれた時ではなく、神と和解し愛された者として神のもとへ帰る時であって、恐れから凱旋の希望へと変えられたのです。

ある本に、マルチン・ルターのことばが書かれていました。「あなたはキリストの死だけを心にとめなければならない。そうすればあなたは生命を見いだすであろう。けれども、もしあなたが死をどこか他のところに見るならば、死はあなたを大きな不安と苦悩をもって殺すであろう」。まさにこのルターのことば通りに、私の死生観と心は聖書のみことばを通して大きく変化し、生き方や考え方までも変えられていきました。

その後、自分の体に起こっていた種々の鬱的症状も緩和され、ほとんど意識することはなくなりました。だからといって不安や問題が全て自分の前から消え去ったわけではありませんが、私は少なくとも自分を追いかけてくる死の恐怖からは解放されました。死の縄目から解放された私はその後、自分に起こるさまざまな問題を死の兆候ととらえて恐れるのではなく、父なる神が与えてくださった、成長のための試練と思えるようになっていったのです。

心の平安は神と共に在る時に与えられるものですが、平安があったとしても、試練が目の前からなくなるわけではありません。ここに記したものの他にも、多くの困難や自分の未熟さゆえの失敗がたくさんありましたが、聖書はイエス・キリストを通して、そんな私の信仰を日々励まし続けてくださいました。

これらのことをあなたがたに話したのは、あなたがたがわたしにあって平安を得るためです。世にあっては苦難があります。しかし、勇気を出しなさい。わたしはすでに世に勝ちました。

ヨハネの福音書一六章三三節

◆人の思いをはるかに超える神の力

とはいえ、そこに至るまでの私は、不安や苛立ちをアルコールで紛らわす習慣がついていました。飲むとひと時だけでもホッとして、なんとなく解放されるような感覚があったからです。しかし、それは根本的に不安を取り除くことにはなりませんでした。むしろ酔いがさめれば、以前にも増して恐れが心に満ちてきたのです。

わたしはあなたがたに平安を残します。わたしの平安を与えます。わたしは、世が与えるのと同じようには与えません。あなたがたは心を騒がせてはなりません。ひるんではなりません。

ヨハネの福音書一四章二七節

神が与えてくださる平安は、世が与えるものとは異なります。平安はキリストが与えてくださるものであり、この世のどんなものも、これに取って代わることはできないでしょう。私のさまざまな問題や失敗に対して、聖書の神はその折々にご自身のみことばをもって励ましと力を与えてくださり、その経験は信仰の足りない私が本気で聖書と向き合うきっかけになりました。それ以降、生活習慣も少しずつ良い方向へと変化していったのです。

話が前後しますが、妻の入院を機に転職した会社には、当初クリスチャンは一人もおらず、私はもちろん社長もクリスチャンではありませんでした。そんなある日、あることで妻と口論となり、唐突に妻が「神に祈れば、あなたの会社の社長もクリスチャンになる」と言い放ったので、私は唖然としました。開いた口がふさがらないどころか、妻が夫婦喧嘩の勢いで無責任なことを言っているように感じ、私は妻を怒鳴りつけてしまいました。

ところがそれから数年が経ち、社長がクリスチャンの方と結婚し、ご自身でも洗礼を受けられるという衝撃的な出来事がありました。なんと、私の社長は妻のことばどおり、クリスチャンとなってしまったのです。

こんなことがあり得るのでしょうか。クリスチャンが一人もいなかった会社にクリスチャンの社長夫妻が現れ、次に私が洗礼を受けたことでクリスチャンが三人に増えたのです。さらに数年後、退職された事務員の代わりに入社してきた方が牧師を父に持つクリスチャンだったので、二十五人ほどの会社に四人もクリスチャンが誕生したのです。これは多くの社員を擁する大会社で起こったことではありません。

私はかつて妻との口論中に自分の理解の範囲内で考え、「そんなことは起こり得るわけがない」とつぶやきました。しかし、今も生きておられる主なる神は、私ごときの常識を遥かに超えて、その御手をもって全てを導かれ、頑な私の心と両手とを天に向けさせたのです。

主が命じられたのでなければ、だれが語って、このようなことが起きたのか。わざわいも幸いも、いと高き方の御口から出るのではないか。生きている人間は、なぜ不平を言い続けるのか。自分自身の罪のゆえにか。自分たちの道を尋ね調べて、主のみもとに立ち返ろう。自分たちの心を、両手とともに、天におられる神に向けて上げよう。

哀歌三章三七〜四一節

印刷会社の生産現場でオペレーターをしていた時は、ミスなく当日の予定量を入力し終わった時点で、その日の業務が終了となりました。したがって、次の日に持ち越す仕事の悩みは比較的少なかったと思います。しかし転職後に営業職に就いてからは、次の日の心配ごとが山積みになってしまいました。明日の商談はうまく行くだろうか、あの見積もりは通るだろうか、あの本の校正作業は納期までに間に合うだろうか。色校正にアウトが出たらどうする。文字校正の戻りが遅かったら製本のラインを取り直さないといけなくなる。今月の売上げはいくらになるだろうか……などと、きりがありません。営業職に慣れていなかった私にとって、見通しの立たない「明日」というものが、大変なプレッシャーでした。そんな時も、神は聖書のみことばで私を励ましてくださったのです。

ですから、明日のことまで心配しなくてよいのです。明日のことは明日が心配します。苦労はその日その日に十分あります。　マタイの福音書六章三四節

ある日の礼拝で、「家庭でも会社でも、たとえ小さくとも、祈り会がもてるよう祈っていきましょう」というメッセージが語られました。そして、それから一年間の祈りの後に、次のみことばと共に実現しました。

わたしを呼べ。そうすれば、わたしはあなたに答え、あなたが知らない理解を超えた大いなることを、あなたに告げよう。

エレミヤ書三三章三節

前述の父親を牧師に持つ事務員の協力を得て、社長夫妻とその事務員の方、そして私の四人で、会社で祈祷会を行うようになったのです。

ある時、部下の一人が作業手順を守らなかったため、大きな製品事故を発生させてしまったことがありました。連日のクレーム処理でほとんどの時間を取られ、通常の業務も滞り始めてしまい、事後の対応次第で会社が大きな痛手を負う結果となりかねない事態に、私は精神的にも追い詰められ、極限の状況となりました。自分なりに最善は尽くしたつもりでしたが、祈る以外に方法がない時が何度もありました。それでも主の導きと助けにより、結果は要所要所で良いほうへと導かれていったのです。

あなたがたが経験した試練はみな、人の知らないものではありません。神は真実な方です。あなたがたを耐えられない試練にあわせることはなさいません。むしろ、耐えられるように、試練とともに脱出の道も備えていてくださいます。

コリント人への手紙第Ｉ・一〇章一三節

「目の前で起こっている問題の先に、必ず脱出の道がある」と信じて進むのと、どうなるかわからないまま進むのとでは、全く違ってきます。最善以下をなさらない神に信頼して、その時その時に自分自身の最善を尽くせたのは、このみことばのおかげであって自分自身の力ではないと確信しています。

◆赦すこと、赦されること

社員との人間関係が悪化したこともありました。自分では気づかなかったのですが、私の不用意な発言が社員の一人を傷つけてしまったらしく、その社員がそれ以降、業務以外の会話を極端に避けるようになり、コミュニケーション不足からミスを生じさせる事態にまで発展してしまいました。これにはかなり悩みました。業務のミスはもちろんですが、その社員の傷ついた心を思うと、申し訳ない思いでいっぱいでした。結局その社員には赦してもらえませんでしたが、神はそんな私の心に二つのことを示されました。
一つは、私の高ぶりです。その頃は会社の役員になっていましたので、いろいろな意味においてて私自身がどこか傲慢になっていたのでしょう。次のみことばは、関係修復を祈る中で私に与えられた聖書箇所です。

だれが　自分の過ちを悟ることができるでしょう。どうか　隠れた罪から私を解き放ってください。あなたのしもべを　傲慢から守ってください。それらが私を支配しないようにしてください。そのとき私は　大きな背きから解き放たれて　全き者となるでしょう。私の口のことばと　私の心の思いとが　御前に受け入れられますように。主よ　わが岩　わが贖い主よ。

詩篇一九篇一二～一四節

もう一つは、実は私にも「この人だけは決して赦せない」という人が一人いたということです。私の中にあるその苦々しい思いに、神はこの聖書箇所を与えてくださいました。
ですから、祭壇の上にささげ物を献げようとしているときに、兄弟が自分を恨んでいることを思い出したなら、ささげ物はそこに、祭壇の前に置き、行って、まずあなたの兄弟と仲直りをしなさい。それから戻って、そのささげ物を献げなさい。

マタイの福音書五章二三～二四節

社員の一人に「赦されない、赦してもらえない」ことで、私は大変苦しみました。しかし、それは同時に、私が赦さなかった人にとっての苦しみでもあったのだと思います。

ですから、あなたがたは神に選ばれた者、聖なる者、愛されている者として、深い慈愛の心、親切、謙遜、柔和、寛容を着なさい。互いに忍耐し合い、だれかがほかの人に不満を抱いたとしても、互いに赦し合いなさい。主があなたがたを赦してくださったように、あなたがたもそうしなさい。

コロサイ人への手紙三章一二～一三節

和解し愛し合うこと、忍耐し合い、赦し合うことの大切さが、この経験を通して、大きな神の愛とともに私の心に注がれました。

◆祈りの力と家族の救い

二〇〇四年十二月、妻の父親が体調不良を訴えて近くの病院へ診察に行くと、「大きな病院でもっと詳しい検査をするように」と紹介状を持たされ、緊急入院となりました。紹介された病院での診断結果は「急性骨髄性白血病」。まさに青天の霹靂《へきれき》でした。

私は会社から帰宅後に妻からその話を聞いても、すぐには現実として受け止められませんでした。白血病……映画や小説の中でしか聞いたことのない病名に、何かドラマの中に放り込まれたような、現実感のない思いでした。

次の日、私が病院へと行くと、幾人かの親戚がすでに駆けつけていて、義父と話をしていました。話している間の義父の目は宙を泳いでいるような感じで、駆けつけた叔母に「うちの(義母)をよろしくお願いします」などと言っています。私はすぐに、癌の治療前に飛び降り自殺してしまったAさんのことを思い出しました。「あんなことが絶対に起こってはならない」と思った私は、妻に「今後は自分のことは自分でなんとかするので、できる限り義父のそばにいるように」と言いました。

俳優の渡辺謙さんは一九九四年に、歌舞伎の市川團十郎さんは二〇〇六年に同じ白血病から生還していました。しかし歌手の本田美奈子さんは、私の義父の闘病中の二〇〇五年に帰らぬ人となってしまいました。私たち夫婦は、義父の病がなんとしても癒えるようにと祈り、妻は癒しの賜物のある牧師の聖会に義父を連れて行ったりもしました。

入退院を繰り返しつつ一年間の治療の後、一旦は寛解して退院となりましたが、半年後に義父の病は再発してしまいます。骨髄移植は義父の年齢や持病、ドナーとの適合などの事情から、「極めて難しい」と担当医から説明されました。同病の患者さんのご家族に話を聞いたり、インターネットで調べてみると、三回目の発病の場合の生還率が非常に低いことがわかりました。義父は既に二回目の発病でしたから、妻と私は「もう後がない」と思いました。義父母は絶望の淵に立たされているようなもので、現実の前になんの希望も見出せない様子でした。

義父母はクリスマスとバザーには教会に顔を出してくれていましたが、自分たちの部屋には仏壇もあり、仏事にも熱心でした。法事などには自宅にお坊さんを招いてお経を上げてもらうほど信心していても、それらは父と母にとって、なんの支えにもならなかったのです。

義父は長年、建設会社で重機オペレーターとして働いていたのでがっしりとした体格をしていましたが、度重なる抗がん剤治療によって髪が抜け落ち、体も痩せ細ってしまいました。

そして自分の存在がこの世から消え去ろうとしていることに、義父はなんの希望も見出せずにいるようでした。
私もそれまではどんな苦難の時も聖書を開いて祈るようにしてきましたが、正直なところ、今回ばかりはなかなか聖書を開くこともできませんでした。それでも祈ることと聖書に答えを求めることの他に、私にできることなどなかったのです。

というのは、多くの神々や多くの主があるとされているように、たとえ、神々と呼ばれるものが天にも地にもあったとしても、私たちには、父なる唯一の神がおられるだけで、この神からすべてのものは発し、この神に私たちは至るからです。また、唯一の主なるイエス・キリストがおられるだけで、この主によってすべてのものは存在し、この主によって私たちも存在するからです。コリント人への手紙第Ⅰ・八章五〜六節

つらい治療を受けながら病院のベッドに力なく横たわる義父に、どんなことばをかけることができるでしょうか。ただの気休めではなく、まことの神であるイエス・キリストの救いについて、今こそ私はしっかりと伝えなければならないと思いました。

義父の二回目の入院中に、入院中の信徒のお見舞いのため病院に来ておられたS牧師と、妻が病院のロビーでばったりお会いするということがありました。妻がS牧師に声をかけてロビーで義父の話をしたところ、S牧師は義父の病室まで来てくださり、眠っている義父のベッドの傍らでお祈りしてくださったそうです。キリスト教に対して頑なだった義母も、それを見て「なぜだかとても嬉しかった」と妻に話したそうです。それは義父母がイエス・キリストへと、わずかながらも心を開くきっかけになりました。

しかし、「このまま義父母がクリスマスとバザーの時しか教会に来ないという状態では、イエス・キリストを信じて永遠のいのちが与えられる前に、この地上の人生が終わってしまうかもしれない」と思った私は、自分一人でも自宅で家庭礼拝を行うことにしました。そして「義父の治療が一旦終わって一時帰宅している間、義父の体調がゆるす限りでいいので、義母と二人で日曜日の十一時半からの三〇分間、自宅で行う家庭礼拝に参加してほしい」とお願いしたのです。

しかし、始めたばかりの頃は、その時間になると義父母は示し合わせたように出かけてしまいました。とはいえ父の体調がよくない時は出かけるわけにもいかなかったので、義父が二階で床に就いている間、義母だけが一階に下りてきて、家庭礼拝に出席してくれるようになりました。教会の皆さんをはじめ、知り合いのクリスチャンの方々も、この家庭礼拝のために本当に熱心に祈ってくださいました。祈りは積み上げられ、日曜日に三十分だけ私に付き合うような形でしたが、次第に義父母は共に主を礼拝するようになっていきました。

私は毎週、いろいろな方法で義父母に福音を伝えようと努力しました。私はそれ以前、教会の日曜学校教師として中学部を受け持っていましたが、その時の経験がこの時になって役に立っていることに気がつきました。

日曜学校の中学部を受け持つことになった経緯は、その当時ちょうど中学部クラスの学びをリードする大人が見つからなかったため、急きょ私に依頼されたというものでした。ですから私としては志願したわけでも、自分自身が「その奉仕への召命を神に示された」と感じたからでもありませんでした。仕事で疲れ切っているにもかかわらず、二時間近くも早く教会に行かなくてはならないこともあり、今にして思えば、本当に子どもたちには申し訳なかったのですが、不信仰にもはじめはイヤイヤやっていた奉仕だったのです。それなのに、中学部の子どもたちと共に聖書を学ぶことによって、私自身の信仰が深められ、成長させていただいたことが後になって分かりました。この時の教師としての経験があったからこそ、義父母に対しても分かりやすく福音を語ることができたのではないかと思います。実に「神にあっては何一つ無駄なことはない」と思わされた時でもありました。

妻も看護の間にできるだけ福音を語り、また祈って父親を励ましました。しかし義母は時にはそれを疎ましく思ったようで、看護疲れもあったと思いますが、「そういう話はやめてくれないか」と、妻と言い合いになることも多かったようです。それでも義父母は少しずつ、徐々にイエス・キリストという方に心を開いていきました。

多くの方々に祈っていただきつつも、義父の病状は一進一退を繰り返していましたが、残念なことに恐れていた三回目の発病となりました。三度目の入院中に、ホームレス伝道に携わっておられるM牧師にお願いし、お見舞いに来ていただきました。義父とM牧師とは面識すらなかったのに、なんとその時、病室のベッドの上でM牧師の促しを受けた義父が、いきなりキリストを受け入れて洗礼を受けることになったのです。キリスト教と一定の距離を置こうとしていた義父の突然の決心に、義母は当然のことながらびっくりです。義母はその時は洗礼を受けませんでしたが、何か心に届くものを感じていたようでした。

足立区の教会のK牧師は、父が一時帰宅していた時などに自宅に訪ねて来られ、祈ってくださいました。また、近くから遠くから教会の方々がお見舞いに来てくださり、義父を励まし祈る姿を通して、義父本人はもちろんですが、義母もキリストの愛に心が開かれていったようです。やがて、義母も洗礼を受けました。

二〇〇七年十一月十一日日曜の午前九時ごろ、私の携帯に義父危篤の連絡が入り、急いで病院へと向かいました。十時ごろに病室に到着してみると義父の容態は更に悪化していて、義父を見守っていた私は、どうしても義父の信仰を確かめておきたくて「イエスさまを信じていれば、何も怖くないね」と義父に聞きました。すると義父は小さく頷き「アーメン」と答え、もうそんな力は残っていないはずなのに握っていた私の手をぐっと力強く握り返してきました。それは「俺は大丈夫だから後は頼む」という意味ではなかったかと思います。そして十一時十分、義父は神さまの御許へと帰って行きました。私はこの時、義父は「亡くなった」のではなく、「神の御許へと召されたのだ」と確信を持つことができたのです。

◆収穫の時と示された道

こうした難病に冒された患者さんの中には、非常に粗暴になる人もいます。強い抗がん剤の治療に耐えきれず、看護士さんや家族、配偶者に当たり散らしてしまう人もいるのです。それは、「次の発病で自分は死ぬかもしれない」という恐怖が、その人の心を押しつぶしてしまうからだそうです。

義父も入院した当初は人には当たりませんでしたが、発病前とは別人のように憔悴しきっていました。それでも洗礼後は、もう一度以前の自分を取り戻したように私には感じました。義父は召されるまでの三年にわたる壮絶な闘病生活の間、最期まで義母にも家族にも病院関係者の方々にも、ただの一度も文句を言いませんでした。

病が癒えるか癒えないかは神の領域の問題で、私たち人間がとやかく言える立場にはありません。しかし義父の病を通して、後に大きな収穫の時がやってきます。義父の闘病のただ中にあって義母が洗礼を受け、その少し前には義母の四人いる姉のうち二番目の姉が救われました。次に三番目の姉とそのご主人が続いて救われ、後に一番上の姉まで、なんと義父を含めて六人の親族が、短い期間に次々とイエス・キリストを受け入れ、洗礼を受けたのです。

まことに、まことに、あなたがたに言います。一粒の麦は、地に落ちて死ななければ、一粒のままです。しかし、死ぬなら、豊かな実を結びます。

ヨハネの福音書一二章二四節

義父は三年の闘病生活を通して、大切な何かを家族に遺したのだと思います。それは各人それぞれの思いであって、決して同じものではなかったかもしれません。義父の名前は実《みのる》といいます。義父はまさに一粒の麦の実となって、地に蒔かれました。しかし生きておられる神の真実により、遺された者たちの心の中で発芽し結実して、イエス・キリストを通して父なる神の許へと、一人また一人と導かれていったのです。このことは遺された私たちにとって、本当に大きな慰めとなりました。

失われた十年、バブル崩壊、リストラ、世界同時不況、派遣切り、ホームレス、就職氷河期、学級崩壊、ひきこもり、いじめ、自殺、震災、そして新型コロナウイルスの世界的蔓延、戦争、そこに自らの病や経済的困難が重なれば、どんな人でも心が壊れてもおかしくはないのではないでしょうか。

私たち家族も、多くの試練や困難に出会いました。しかしその度に聖書の神との対話が、そして周囲の方々の祈りと神さまからの恵みが、私を、そして家族を救いました。もし私たち家族にそのような神からの慰めと励ましがなかったとしたら、私たちは義父より先に心が折れていたかもしれません。

人間は弱い者です。しかし神のことばに支えられる時、私たちは強くなれます。私と妻の信仰はまだまだ未熟ですし、ぶどう園で最後に雇われた労働者のような者です。それでも私たちが受けた大いなる神の恵みを、まだ聖書のみことばとイエス・キリストの福音を知らない方々に一人でも多く届けたい。それが今の私たち夫婦の願いであり、祈りでもあります。

神は、それほど大きな死の危険から私たちを救い出してくださいました。これからも救い出してくださいます。私たちはこの神に希望を置いています。あなたがたも祈りによって協力してくれれば、神は私たちを救い出してくださいます。そのようにして、多くの人たちの助けを通して私たちに与えられた恵みについて、多くの人たちが感謝をささげるようになるのです。

コリント人への手紙Ⅱ・一章一〇～一一節

義父の二回目の発病から始まった我が家の家庭礼拝は、足立花畑《あだちはなはた》キリスト教会として引き継がれ、今も小さな群れながら毎週日曜日に神への礼拝が守られています。

義父を通して経験したことから一つ、教訓として考えさせられたことがあります。それは入院中から病院に対して、義父がクリスチャンであることを伝えておけばよかったということです。というのも、義父はクリスチャンとして神の許へと召されたとはいうものの、身内の死は私たち家族にとって初めての経験でもあり、今にして思えば、その時は非常に動揺していました。

死亡が担当医によって確認された後、事前相談をしていたキリスト教葬儀社へ連絡したのですが、その葬儀社の方が来られる前に、義父を自宅に連れ帰る準備のため、私たち遺族は一旦全員で自宅へ戻ってしまいました。するとその間に義父は病室から霊安室に移され、義父の信仰について何も伝えられていなかった病院側の全くの善意で、そこに仏教式の焼香台が備え付けられてしまいました。そのため、私たち遺族が病院へ戻る前に、担当医や看護士さん、病院に残っていた親族みんなが、仏式でお焼香を済ませてしまったのです。病院に戻った私たちはそれを見て慌て、義父がクリスチャンであることを告げて片づけていただきましたが、できれば避けたいことでありました。

◆悲しみを超えて　～険しき道程

聖書と出会ってから、教会生活を通して、そして義父が神を信じて召されたことなどを通して、神は少しずつ私の心を平安へと導いてくださいました。ところが、それらを全て覆すような出来事が起こります。それは私の部下の一人が自らのいのちを絶つという、つらく悲しすぎる出来事でした。少しずつ癒されてきた私の心は、彼の死に衝撃を受けて、再び壊れてしまいました。

ある日、私は製品事故の対応と、それによって手配が遅れている多くの案件を抱えて、切羽詰まった状態で事務所で一人きり、残業をしていました。するとそこへ部下の一人が入ってきました。彼は退社のタイムカードを押す手を止めて「また食事に誘ってください」と私に話しかけてきました。しかし余裕のなかった私は彼のほうを見ることもなく「そうだね、そうだね」と流してしまったのです。彼が自死を選んだのはその四日後のことでした。

私はその衝撃に打ちのめされてしまいました。社長を含め、社員全員がそうだったと思います。私は会社の祈り会で社員のことを祈っていたにもかかわらず、気づいてあげられなかったことが悔やまれて仕方ありませんでした。そして日が経つにつれ、そんな自分を責める気持ちは大きくなっていきました。

当時、日本で自死をされる方は年間三万人以上とされ、病気と経済問題が原因の多くを占めているという統計を目にしました。そして後日、彼もまた経済のことで悩みを抱えていたと知りました。そのことを知ってからも、私はあの日の彼に対して自分がとった対応についての後悔と、深い自責の念から体調を崩してしまったのです。

私たちの主イエス・キリストの父である神、あわれみ深い父、あらゆる慰めに満ちた神がほめたたえられますように。神は、どのような苦しみのときにも、私たちを慰めてくださいます。それで私たちも、自分たちが神から受ける慰めによって、あらゆる苦しみの中にある人たちを慰めることができます。

コリント人への手紙第II・一章三〜四節

神は私を慰めつつ、彼の死を無駄にしないためにも、神を信じた者として今後どのように社員と関わっていくべきなのかを、このみことばをもって示してくださったと感じました。それまでは社員に対して、相手のプライバシーを考えて腰が引けていた部分がありましたが、今後は私なりに以前より踏み込んで社員とかかわっていくことができるように、一歩前へ押し出してくださったみことばでもあると感じています。

部下の死は、仕事に全ての時間を捧げてきた私を一旦立ち止まらせ、これから先どのように生きるべきかを考えさせるものとなりました。それは死という抗《あらが》えないものの前で、「その人がどう生きてきたのか」が語られるキリスト教葬儀への思いが大きくなっていくことにも繋がっていったのです。義父の葬儀をキリスト教式で執り行っていただいたことからも、私の中でかねてより「一度はかかわってみたい」と考えていたキリスト教葬儀の仕事への思いが、抑えられないほどに大きくなってきました。

永らくお世話になった会社では、役員にもしていただいたのですが、ついに私は会社に辞意を伝え、キリスト教葬儀社の面接を受けて転職しました。しかし、そこには思いがけず厳しい道が待っていたのです。

交代制とはいえ、二十四時間体制の葬儀の仕事は、決して生やさしいものではありません。朝、警察署へご遺体の引取りに伺うと「司法解剖をするので、そちらの病院に回って欲しい」と言われ、手続きが終わってご自宅へお送りした時には、警察署に着いてから二〇時間以上の時間が経っていた、などということもありました。そんなハードな勤務の果てに、慣れない葬儀の仕事で倒れてしまい、せっかく頼み込んで入社させていただいたキリスト教葬儀社を退職せざるを得なくなってしまいました。「ご遺族と教会に仕え、召された方の最期の証しのため少しでもお役に立ちたい」という私の理想は、厳しい業務の前に吹き飛ばされてしまったのです。

私が体調を崩して退職した直後、大手企業を定年退職されてから、念願だった神学校での学びをはじめられた知人のMさんという方がおられました。全寮制の神学校へ入学されたMさんでしたが、入学後すぐに体調の異変を感じ、病院で検査を受けたところ、癌という診断が下されてしまいます。若い方々と共に学び、せっかくこれから主に用いていただこうという時に「なぜ?」と、本人も周りの人たちもそんな思いでいっぱいだったと思います。しかしＭさんは懸命に治療に励み、声は出にくくなりましたが復学して学び続け、卒業後には、医学的には再発しない保障もない中、牧師として地方の教会へと遣わされていきました。

Ｍさんが神学校在学中、オープンカレッジの講義を夫婦で聴講するため伺った時、Ｍさんにお会いすることができました。Ｍさんは顔こそ少しやつれておられるように見えましたが、まさに「活き活き」としておられました。

ある人は癌と告知されて、自らのいのちを絶ちます。しかし、ある人は癌と告知されて尚、今、与えられている時間を活き活きと生きています。この違いはなんなのでしょう。それは、その人が神のみことばを持っているか持っていないかではないかと私は思うのです。

主によって人の歩みは確かにされる。主はその人の道を喜ばれる。その人は転んでも倒れ伏すことはない。主がその人の腕を支えておられるからだ。

詩篇三七篇二三～二四節

◆葬儀屋と牧師の二足のわらじ

　私は「穴があったら入りたい」ような生き方を続けてきました。どれだけ多くの人を傷つけてきたことでしょう。それは身勝手で罪深いものです。今でも当時を思い出すと、思わず身を隠したアダムとエバの気持ちがとてもわかる気がします。私もアダムとエバと同じように、到底神の前に立つことなどできない者でした。しかし部下の死とその後のキリスト教葬儀社での経験が、より私の心を神へと向かわせました。
　そうだ、神学校へ行こう。もっと神さまのことを知ろう。そう考えてのことでしたが、働きながらの神学校の学びは、想像以上に厳しいものがありました。それでも教授や学生同士の励ましと祈りにも支えられ、無事に卒業することができました。

　卒業後は別のキリスト教葬儀社に転職し、しばらくは牧会責任者と葬儀社スタッフという二足のわらじを履くことになりました。キリスト教葬儀社での経験は、私の牧会にとても重要な意味を持っていました。一人ひとりのクリスチャンがこの地上でどう生きたかが葬儀の中で語られる時、その人の生涯に働かれた神の慈愛を垣間見ることが多々あったからです。

足かけ九年という、ほんの少しの間でしたが、携わらせていただいたキリスト教葬儀。そこには必ずと言っていいほど、キリスト者としてこの地上を生きた方の、確かな証しがありました。召されたキリスト者一人ひとりの葬儀での証しは、地上の人生の終わりを見据えながらも永遠の御国への希望を掲げると同時に、今を生きることの大切さを遺された者に語りかけているようでした。それは、召された方一人ひとりの「いのちの遺言」と言えるでしょう。

第二部　いのちの遺言

◆まなちゃんと横断歩道

葬儀社スタッフとして働き始め、しばらく経った九月の蒸し暑い日のことでした。その日は火葬場併設の式場で、前夜式と告別式を行う葬儀が予定されていました。私以外のスタッフはご遺影写真の引き取りや役所関係の手続きに行っており、私一人で花屋さんと花祭壇のセッティングをしていました。そこに安置された「まなちゃん（仮名）」の小さなお棺の傍らには、憔悴しきったまなちゃんのお母さんと、お祖母ちゃんがおられました。

交通事故で召されたまなちゃんは、まだ小学校一年生でした。生前、明るく元気だったまなちゃんは黄色い花、特にひまわりの絵を書くことが好きだったということで、まなちゃんのお母さんの希望を司式をしてくださる牧師先生に伝え、ご了承いただいた上で、お棺周りの花祭壇としては珍しく、ひまわりがたくさん使われることになりました。

そうして花屋さんと位置やバランスを調整している時でした。礼服を着た二人の男性が式場の入り口に立ち、消え入るような声で「すみません」とこちらに頭を下げられたのです。まだ開式にはかなり時間が早かったので、ご親戚の方かと思って近くに行き、私が「ご親戚の……」と声をおかけすると、「すみません、違います。今回事故を起こしてしまった運転手です」と、三〇代半ばくらいの男性が頭を深々と下げました。そしてもう一人の七〇代半ばくらいの男性が「今回は息子が大変なことをしてしまい」と、続けて深々と頭を下げられたのです。そうです、まなちゃんを轢《ひ》いてしまった加害者のトラック運転手とその父親が、式の前に謝罪に来られたのでした。私はまなちゃんのお棺の傍らにいるお母さんに歩み寄り、その旨を伝えました。

　今のようにドライブレコーダーが普及する前でしたので、その事故を目撃した人の証言が唯一の証拠でした。事故は片側二車線の信号のある横断歩道で起こったそうです。車道の信号が黄色になり、左車線で左折をしようとしていた大型トラックは、交差点に進入せず停車しました。その大型トラックの右車線を少し遅れて走っていた中型トラックは、まだ信号が黄色になったばかりなので、そのまま速度を落とさず交差点を通過しようとしました。一方、歩行者信号はまだ赤であったにもかかわらず、横断歩道で信号待ちをしていたまなちゃんは、自分の目の前の左車線にいる大型トラックが停止したので、渡っていいと判断したのでしょうか。歩行者信号が青に変わる前に横断歩道を走り出し、黄色信号で交差点を通過しようとした右車線の中型トラックにはねられて、病院に搬送されましたが死亡が確認されたという次第です。

まなちゃんは塾の帰り道でしたが、お母さんから携帯に「大好きな田舎のお祖母ちゃんが来たから、急いで帰ってきなさい」という連絡が入ったので、はやる気持ちで信号を待ちきれなかったか、もしくは信号のない横断歩道の渡り方と勘違いしてしまったのではないかということでした。まなちゃんのお母さんは「自分が電話をかけなければ、こんなことにはならなかったのに」と、悔やんでも悔やみきれない悲しみの中におられたのです。

一方の事故を起こしてしまったトラック運転手は、事故の少し前に身重の妻が母子ともに危険な状態に陥り、「できるだけ早く病院に来てほしい」と携帯に連絡が入ったため先を急いでいて、「黄色信号になったばかりだから、止まらなくても大丈夫だろう」と思ってしまったそうです。その後、事故の現場検証が終わって病院に駆けつけた時には、妻もお腹のお子さんも亡くなってしまっていたのでした。

人生で遭遇すること全てを私たち人間が理解することは、不可能です。けれども、「どうしてこんなことに」と神に叫びたくなることもあります。私はその場にいるべきではないと感じたので式場から退出し、遠くから三人の様子を見守らせていただきました。おいおいと泣きながら何度も頭を下げるトラック運転手の声は遠くからは聞き取れないほどで、消え入るように震えていました。そこにおられた方々にとって、どれほどつらい時間が過ぎたでしょう。

はじめのうち、睨みつけるような厳しい目でトラック運転手とその父親に目を向けていたまなちゃんのお母さんでしたが、最後にそのトラック運転手の肩にそっと手を置かれたのです。その時、そこに神の愛が注がれたように私は感じました。誰でも被害者にも加害者にもなる可能性があります。それでも神は、まなちゃんのお母さんを通して、そこに主の憐れみを注いでくださったのでは……と感じました。

まなちゃんのお母さんの手がトラック運転手の肩にそっと添えられたその瞬間、彼は嗚咽と共に式場の入り口の床に泣き崩れました。その後、まなちゃんのお母さんは、父親に抱きかかえられるようにして帰って行くトラック運転手の姿が見えなくなるまで、その場で見送っておられました。

※個人のプライバシー保護のため、一部内容を変更してあります。

さだまさしさんの「償《つぐな》い」という曲を知ったのは、まなちゃんのご葬儀の後でした。この事例とあまりにも似ている歌詞を聴いて、二度目にラジオから流れてきた時には、つらさのあまり途中でラジオを消してしまいました。かかわった全ての人にとって、こんなにもつらいご葬儀は後にも先にもなかったと思います。

今回この葬儀の出来事を書かせていただいたのは、二つの理由があったからです。それはまなちゃんのお母さんが、「まなのようなことが二度と起こらないために、しっかりと交通ルールを伝えてもらいたい」という願いを持っておられたからです。

左車線で先に停車していた大型トラックの運転手さんの証言によると、まなちゃんは横断歩道を渡り始めた時、その運転手さんにペコリと頭を下げたというのです。まなちゃんのお母さんは日頃から、「信号がない横断歩道で車が止まってくれた時は、止まってくれた運転手さんに挨拶するようにね」と教えていました。つまり大型トラックが交差点で停車した時、まなちゃんが「信号がない横断歩道で自分を渡らせるために止まってくれたのだ」と勘違いしたのではないかというのです。

このことからまなちゃんのお母さんは、「信号のある横断歩道と信号がない横断歩道の渡り方は違うということをしっかり教えるように、身近に幼い子どもがいる方々に伝えてほしい」と言っておられました。また、その上で「こんなにもつらい出来事の中にも、神はおられたということを伝えていただきたいのです」というお母さんのことばに、「神は、ご自身を信じる者に大きな慰めを与えてくださる方である」と感じずにはいられませんでした。

◆搬送車のドライバーと思い出の道

少し前までは、木製の彫刻が施された「宮《みや》型の霊柩車」を見かけることも多かったのではないでしょうか。葬儀社では霊柩車のことを柩車《きゅうしゃ》と呼んだりもしますが、昨今では宮型が減って、黒くシンプルな洋型の車両やバンなどに取って代わられつつあります。病院や施設からお棺を教会にお送りする前に一旦ご自宅に運ぶ際や、ご自宅から火葬場への出棺の際も、仰々しく派手な感じがする宮型霊柩車ではなく、搬送車と呼ばれているワンボックス車を指定されるご遺族が増えています。

葬儀社の搬送車のドライバーさんは空《から》の棺を積んでくるだけでなく、病院での納棺も葬儀社スタッフと共に行ってくれたり、ご遺体の保全のためのドライアイスや、ご遺体が傷んでいる場合にお体を包む納体袋を備えていたりするので、葬儀社スタッフにとって心強い存在です。

教会から火葬場への出棺・搬送時、告別式が長引けば搬送車の速度をやや上げて、式が早く終わればゆっくりと向かい、火葬の予定時間に合わせた火葬場指定の着棺時刻にぴたりと車を着けます。予定の着棺時間より大幅に早く到着すれば注意を受けますし、逆に遅れた場合には、その日に火葬をしてもらえない場合さえありますので、どこの葬儀社も告別式の進行状況と教会を出発する時間にはとても気を配ります。けれども私はこれまで火葬場から厳重注意などを受けたことは一度もありませんでしたから、主の守りの中、搬送車のドライバーさんに恵まれていたようです。

搬送車のドライバーさんについて、ひとつ心に残っている事例があります。癌でもう何年も入退院を繰り返していたご婦人が召されたとのことで、○○病院へ向かうよう会社から連絡が入りました。ご遺族代表は前もってご相談をお受けしていたご主人で、大きな会社の取締役を務めておられる方なので、葬儀の規模も大きくなるであろうということでした。

病院に到着すると、物腰の柔らかいご主人が「よろしくお願いします」とご挨拶くださり、「牧師先生もまもなく到着すると連絡がありましたので、到着されてから打ち合わせでもよろしいでしょうか」と落ち着いたご様子でした。天に召された奥さまとそのご主人は、それぞれもう五十年以上の信仰生活を送られてきたクリスチャンのご夫妻で、ご主人は教会の執事として長年ご奉仕をされてきたこともあり、葬儀についてもほとんどのことはご存じのようでした。

搬送車のドライバーさんと一緒に霊安室へ奥さまをお運びし、ほどなく到着された牧師先生にお祈りをしていただいて、ご自宅へと搬送することになりました。多くの場合、搬送車がご遺体を引き取るための病院の出入り口は、病院の患者さんから見えにくい場所にあります。担当医と数名の看護士さんが見送られる中で搬送車に奥さまのご遺体を納め、ご主人には搬送車の助手席にお乗りいただいて、私たち葬儀社は自分たちの車で搬送車の後に続き、ご夫妻のご自宅へと向かいました。

到着後、リビングのソファーを移動させ、搬送車のドライバーさんと共に棺台《かんだい》（お棺を置く脚）とお棺を設《しつら》えました。「納棺のため奥さまのシーツを取らせていただきます」とご主人に申し上げると、ご主人は「よろしくお願いいたします」と言いながら、何やら心配そうに奥さまを覗き込んでおられました。

ご遺体の保全も終わり、牧師先生に納棺のお祈りをしていただいて、時間も遅くなったため葬儀の打ち合わせは翌日の朝からということになりました。ひとまずここまで無事に終わり、ご主人と牧師先生にご挨拶をして、搬送車の運転手さんと共にご自宅を後にしました。外はもう真っ暗で秋の風が冷たく、防寒のジャンパーが欲しいほどでした。車に戻る直前に、搬送車のドライバーさんが「ちょっとご自宅から離れたところでご報告したいことがある」と言うので、私たち葬儀社スタッフ二人は近くのコンビニの駐車場へと向かいました。

コンビニでホットコーヒーを二つ買い、寒いので私の車の中へ滑り込むと、搬送車のドライバーさんが話し始めました。病院からご自宅への搬送中、商店街の道に段差があり、そこで搬送車が少し揺れたのですが、その時ご主人が「運転手さん、今、揺れましたね」とおっしゃったそうです。続けて「和江（仮名）は大丈夫ですか」と言われたことから、「それでご主人は先ほどご自宅でシーツを取り除けた時、心配そうに奥さまを見ておられたのか」と思いました。

ほとんどの搬送車や霊柩車は、国産車・外車を問わず最高級のグレードの車を使用しています。ですから、かなり大きな段差でもほとんど揺れを感じることはありません。それでも和江さんのご主人は、奥さまを心配されたのでしょう。やさしいご主人だなと思いました。

搬送車のドライバーさんは「あの商店街の道は教会から火葬場へ行く時も通るのですが、

道路工事でえらくガタガタなので、出棺の時は別のルートを通ったほうがいいと思うんですけど」と言われました。その場で地図を確認し、ほんの少しの遠回りなので時間的にはさほど変わらないことから、当日はその別ルートを通ることになりました。

告別式は牧師先生が時間配分をしっかりと守ってくださり、教会からは予定時間通りの出棺となりました。お棺とご主人を乗せた搬送車を先頭にご親族の車が数台続き、私は最後尾で斎場へと出発しました。先頭の搬送車はドライバーさんとの打ち合わせどおり、商店街の道を迂回するために手前の道で曲がったのですが、なぜかその後、元の商店街の道へと戻って行ったのです。一瞬、搬送車のドライバーさんが道を間違えたかと思って焦りましたが、ドライバーさんに携帯電話をかけるのはご主人を不安にさせるような気がして躊躇し、やめました。

そうして商店街のガタガタ道を通過し、着棺時間ぴったりに火葬場に到着しました。到着後、いったい何があったのかドライバーさんに尋ねると、途中でご主人が「あれっ、火葬場へ行くのに商店街を通らないのですか。妻とよく二人で買い物に来たあの商店街を、できれば最後に通ってほしかったのですが」とおっしゃったのだそうです。それで咄嗟に（時間的にはぎりぎり間に合う）と判断し、こちらへ連絡せずに道順を変えてしまったということでした。

そんな時、携帯で連絡し合っていては時間をロスしてしまいます。一瞬冷や汗が出ましたが、よく機転を利かせてくださったと感謝を伝えました。そうです、あの商店街はご主人にとって、奥さまとの思い出がいっぱい詰まった道だったのです。そんなご主人のやさしい思いに、咄嗟に応えてくださったドライバーさんの心遣いと、なにより神がそれら一つひとつを守ってくださったことに感謝しました。

※個人のプライバシー保護のため、一部内容を変更してあります。

◆トラック運転手のスーさん

スーさんというトラック運転手が務める運送会社は、従業員十人ほどの小さな会社でした。スーさんは無口でまじめで、ギャンブルはもちろん、酒もたばこもやりませんでしたが、若い時分はずいぶん親を悩ませたほどやんちゃでしょっちゅう警察沙汰を起こし、実は何かの前科もあったそうです。

そんなスーさんですが、三十歳になる少し前に服役していた刑務所で聖書と出会い、前科を承知の上で雇用してくれた運送会社の寮に入って、寮の近所の教会で礼拝に出席するようになりました。寡黙なスーさんは教会の一番後ろの席に静かに座り、倦《う》むこともなく礼拝を毎週毎週守っていたそうです。そんなスーさんでしたが、やがて涙で顔をグチャグチャにしながら「キリストを救い主として受け入れたい」と牧師に打ち明けました。そしてスーさんはイエスさまを信じて洗礼を受けた後も以前と変わらず、いつもの席で寡黙に礼拝を捧げ続けていました。

やがてそんな彼に、神さまはあわれみを示されました。四十歳になったスーさんに、「結婚を前提にお付き合いしたい」という女性が現れたのです。しかしスーさんは自分には前科があること、収入も少ないこと、実は大きくはないけれど入れ墨があることなどを正直にその女性に話し、「ですから申し出はとてもうれしいのですが、結婚はできません」とお断りしたそうです。しかしその女性はそんな正直なスーさんになおのこと好感を抱くようになり、結局その女性の熱意に押される形で、スーさんは四十になって初めて家庭を持つに至ったのでした。

ほどなくして二人の間に女の子が生まれ、無口であまり笑った顔を見せなかったスーさんが、その頃は道を歩いている時でもニコニコと微笑むようになっていました。ところが子どもが二歳になった頃、なんと奥さまが病気で天に召されてしまったのです。教会で行われた葬儀の間、スーさんはずっと下を向いて泣いていたそうです。

それからというもの、男手ひとつで幼い娘を育てるためには、大変な苦労があったはずです。けれども牧師夫妻をはじめ、教会の方々がそんなスーさんと娘さんを助けてこられたそうです。

スーさんの娘さんは幼い時から教会を自分の実家のようにしてすくすくと素直に育ち、大学も出て、大手の建設会社に就職されました。やがて娘さんは会社の同僚の結婚式で出会った男性にプロポーズされましたが、なんとその男性のお父さまが牧師だったそうです。神さまの導きの不思議を感じました。

一方この頃、父親であるスーさんに少しばかりの事件が起こります。当時、六十も半ばになっていたスーさんは、会社の社長に「今やってもらっている大きなホテルの食品配送は、あなたには体力的にも大変なので、別の若い人に代わってもらおうと思う」と言われてしまったのです。

ところがスーさん、それを頑として受け入れません。滅多なことで上司に逆らうような人ではなかったので、スーさんの人柄を一番よく知っていた社長は「何かよほどの訳があるのだろう」と思い直し、スーさんの希望どおり、そのままその大きなホテルの搬入の仕事をしてもらうことにしました。

まじめでミスのない仕事をするスーさんは、三十年近くそのホテルの仕事をしてきましたから、ホテルの従業員たちから「おやっさん、おやっさん」と親しみを込めて呼ばれていました。そのホテルは皇族の方も泊まられた歴史あるホテルだそうですが、裏口からいろいろなものを納入する業者に対しても礼儀を欠かさず、おもてなしの心がある裏表のないホテルとして、運送会社や出入りの業者の間では評判でした。


娘さんの縁談は順調に進み、新郎のご両親とも何一つもめることなく、打ち合わせの時もスーさんはほとんどしゃべらずにニコニコ頷くばかりだったそうです。

ところが披露宴について話し始めたとたん、それまでなんの意見も言わなかったスーさんが口を開きました。スーさんは真剣な顔で「なんとしても、自分が長年お世話になってきたあの大きなホテルで娘の披露宴をしてあげたい。ずっと酒もたばこもせずにお金を貯めてきたのだから」と言うのです。しかし娘さんをはじめ、周りの家族はびっくりです。なぜならそのホテル、たとえ一番小さな式場でも相当な費用がかかってしまうほどの一流ホテルだったからです。それでもスーさんは「費用はすべて私が出しますから」と、この件だけは頑として譲りません。なぜなら、それが二十数年、娘を育てながらずっとスーさんを支えてきた思いだったからです。

式の当日、親族や来賓が集まり始めても、背広を着たスーさんはいつもの搬入口ではないホテルの正面ロビーで、なんとも居心地悪そうに端っこのソファーにちょこんと座っていました。そこへ顔見知りのホール配膳スタッフが通りかかって、スーさんに気づきました。スーさんが照れくさそうに「娘の結婚式なんですよ」と言うと、

「えー、おやっさん、もしかして鈴木（仮名）さんていうの」

「そうです」

「えー、今日は私がそのホールの担当だよ」と、そのスタッフはとても喜んでくれました。

しかしスーさんは、娘さんの教会での結婚式もホテルの披露宴も無事に終わった数年後、

体調を崩してしまい、七十歳近くになっていたこともあって、そのホテルへの配送を若い人に代わってもらいました。

スーさんの顔をしばらく見ないことに気づいたホテルの人たちは、おやっさんの病気のことを聞き、「早く治るように」と、スタッフの寄せ書きと共にホテルのタオルを送ったそうです。ある日、スーさんの代わりに担当になった若いドライバーがあまりにも暗い顔をしているので、心配したホテルのスタッフが声をかけると、「昨日スーさん、あ、いや、おやっさんが亡くなったんです」と言うではありませんか。

数日後に教会で行われたスーさんの葬儀に、ホテルのスタッフの方々が十数人も参列されましたが、葬儀の最後にご遺族代表として挨拶されたスーさんの娘さんの言葉に、皆、嗚咽を抑えきれませんでした。娘さんのご挨拶では、生前どんなに父が娘の自分を愛してくれていたか、どんなに会社を、教会を、そしてあのホテルを愛していたかが語られました。

スーさんの娘への最後の言葉は、寡黙な父から一度も聞いたことがなかったけれど、娘として一番言って欲しかった、「愛してるよ」だったそうです。

やがてくる人生の終末。それがいつ、どんな形で訪れるかは、創造者なる神の主権の中にあり、自分自身で勝手に決めることのできない領域です。しかし、地上の人生には終わりがあるということを自覚して生きる姿勢は、人を愛するための大きな力となり得ます。それと同時に、人がこの地上で誰かに愛を示したいと思っても、人生という時間には限りがあるのだということを、スーさんがご自身のご葬儀を通して教えてくれたようにも感じました。

※個人のプライバシー保護のため、一部内容を変更してあります。

◆文子《ふみこ》さんのエンディングノート

それは年末の、冷たい雨が降る朝のことでした。会社から携帯に連絡があり、私は病院で召された方の納棺に向かいました。年配のクリスチャンの奥さまが突然体調を崩して入院され、数日後に亡くなってしまわれたということでした。

病院に到着すると教会の葬儀委員の方がおられ、ご主人と担当医が話している廊下へと案内されました。牧師はあと一時間くらいで到着されるということで、お棺の準備や納棺する場所などの確認をしつつ、牧師の到着を待つことにしました。

ご主人はあまりにも突然のことに気が動転している様子で現実を受け入れられず、「昨日まで話ができていたのに、医療ミスではないか」と激しく担当医に詰め寄っています。ご主人の掴みかからんとする勢いに、すぐに割って入れるように、看護士二名が担当医とご主人の間に立っていました。

どれほどの時間が過ぎたでしょう。説明を続けていた担当医が少しあきれ、怒りを表し始めたあたりで、教会の葬儀委員の方が葬儀社が来ていること、葬儀社と牧師と共に今後の葬儀について打ち合わせをしなければならないことを、ご主人に伝えました。天に召された奥さまは、毎週の礼拝だけでなく祈祷会などにも必ず出席される熱心なクリスチャンであったそうですが、ご主人は信仰を持っておられませんでした。

ご主人は担当医の説明に全く納得がいかないらしく、怒りがおさまりません。そんな中、葬儀委員の方が私たち葬儀社をご主人に紹介されました。事前に牧師と教会の葬儀委員の方は電話で大まかな打ち合わせをしておられたようで、葬儀委員の方が具体的な説明をしてくださいました。それによると、明日は教会の日曜礼拝があるため、このあと奥さまを一旦ご自宅に搬送させていただいて、月曜日に教会へ移送するという次第でした。

するとご主人は葬儀委員の方に向かって、「誰が文子（仮名）の葬式を教会でするって言いました？」と言い出しました。ご夫婦のどちらかがクリスチャンで、遺された配偶者が仏教徒であった場合、故人の思いとは違って、仏式の葬儀を執り行われてしまう場合がありま す。もちろんお墓の都合もあるので、必ずしも故人の希望がすべて叶うわけではありません が、奥さまの文子さんは熱心なクリスチャンだったということですから、教会でずっと文子さんと信仰生活を送ってきた教会員である葬儀委員の方にすれば、ご主人の発言に戸惑いを隠せません。

ご主人は続けて「だいたい教会には何台分の駐車場があるんだ。三台？ 話にならんよ」と食ってかかり、「近くに有料ですが大きな駐車場がありますから」と葬儀委員の方が言っても、返事すらしません。看護士の方が霊安室へのご案内に来られても「なんでそんなに急がせるんだ」と怒鳴り、私の胸の葬儀社のバッジを見て「キリスト教の葬儀社さんかね、じゃ帰ってもらってかまいませんよ」と言います。

こういうことはそう度々あるわけではありませんが、納棺や搬送まで終わった時点で、ご遺族代表やご親族の意向でそれまでの費用を精算し、そこからキリスト教式ではない葬儀社に切り替えて、仏式葬儀を執り行うということもあります。もちろんその逆もありますが、途中で葬儀社を切り替えると、それまでの搬送費などの費用を思いのほか高く請求されたりすることもあります。そうしたことからも、信頼のおけるキリスト教葬儀社に事前・生前に相談しておくことが大切です。

そうこうしているうちに牧師のK先生が到着すると、これまた食ってかかるのかと思いきや、ご主人は「あーK先生、わざわざすみません」と、何か今までのご主人の態度が嘘のように、ぼんやりとした感じではありますが頭を下げたりしています。穏やかな物腰のK先生はご主人の横に腰を下ろされると、ご主人の膝に手を置かれました。すると、ご主人はそのK先生の手を見つめながら、無言で何度も小さく頷いています。ご主人は文子さんに誘われて行った教会のバザーやクリスマスで何度かK先生にお会いしていたそうですが、まるで先ほどとは別人のように落ち着きを取り戻された様子でした。

K先生はバッグの中から茶色の封筒を出し、その中に入っていた二つ折りの紙を取り出しました。そしてご主人に「文子さんが書いてくださったものです。目を通していただけますか」と手渡しました。それは生前、文子さんが教会で催された終活セミナーに参加された折に配られた、エンディングノートでした。

そこには文子さんの字で「自分の葬儀の時にはこうしてほしい」という希望がびっしりと記されていました。歌ってほしい賛美歌、ご自分の死を知らせてほしい友人のリストの他、葬儀の装飾花に使ってほしい花の名前が、季節ごとに分けて書かれていたのです。ご遺骨は教会のお墓に納めてほしいということや、ご主人への最後のわがままとして、お花料の辞退の希望までありました。最後に「葬儀の前にあなた（ご主人）に読んで欲しい手紙も添えます」と書かれていたそうです。文子さんからの最期の手紙を読んだご主人は、その後は全て牧師と私どもキリスト教葬儀社に任せてくださいました。

文子さんの手紙に何が書かれていたのかはわかりませんが、きっとそこにはご主人への感謝と二人で過ごしてきた結婚生活への感謝、そしてそれを支えてくださった神さまへの感謝が書いてあったのではないかと思うのです。

ご遺族代表として教会の一番前の席に座られ、妻の文子さんの葬儀に臨まれたご主人は、しばらくの後に文子さんと同じ神さまを信じて、その教会で洗礼を受けられたそうです。

全てのことを益としてくださった神さまの御思いと、無事に納骨まで終えたことを記したお礼の手紙をK先生から私がいただいたのは、桜がそろそろ咲く時節でありました。

※個人のプライバシー保護のため、一部内容を変更してあります。

◆心に寄り添うキリスト教葬儀とは

二〇一〇年から足かけ九年間、私はキリスト教葬儀社三社にお世話になりました。三社それぞれが高い職業意識と、なによりも主なる神への思いをもってご遺族と教会に仕えておられました。

施行した全てのご遺族と教会のために祈る会社。教会のボランティアのお手伝いを積極的に行っている会社。女性の方が召された時は、その方が生前使っておられたお化粧道具と元気な頃のお写真を持ってきていただき、女性スタッフが丁寧にお化粧をして元気な頃のお顔になっていただいてからお見送りする会社などなど、それぞれの会社が主から与えられた多様な賜物をもって、ご遺族と教会に一生懸命仕えていました。

お棺周りのお花の飾り方も三社それぞれの個性がありますが、各社ともそれぞれがやはりキリスト教葬儀社としての理念と信仰に基づき、神と故人への思いと祈りを込めて飾っている祭壇は、一般の仏式葬儀社のキリスト教風の祭壇とは雰囲気が違います。

ご遺族ご希望の珍しい花や、季節外れの花を必死になって探していた同僚の姿は、今も心に残っています。現在、私はキリスト教葬儀の業務から離れてはいますが、キリスト教葬儀はキリスト教葬儀専門の葬儀社へご依頼されることを強くお勧めいたします。

私がキリスト教葬儀にかかわり始めた当時、まず前夜式があり、翌日に告別式を執り行うのが普通でした。しかし新型コロナウイルスの影響や費用面その他の理由で、一日葬（告別式のみ）や少人数での家族葬、直葬（葬儀式をせずに火葬のみ行うもの）、火葬後に故人をしのぶ会などを行う教会も増えてきました。

これからも時代や情勢によって葬儀の形は変化していくと考えられますが、キリスト者にとって自分の葬儀が、この地上の人生最期の証しの場であることは変わらないはずです。

それでは、クリスチャン自身が自分の葬儀と後に遺された者たちのために予めできることとして、どんなものがあるでしょうか。また、教会がご遺族の心に寄り添い、故人である教会員の親族や知己の方々へイエス・キリストのいのちの福音をより明確に伝えていくために、何をしたら良いのでしょうか。

次に挙げるのは、葬儀までで終わってしまうのではなく、その後にも続けて周囲の人へ働きかけをしていくためにできることの一例です。

・生前に自分の証しをまとめて書き記し、小冊子として印刷しておいて、それをご自身のご葬儀の際に参列された方々に持ち帰っていただけるよう準備しておく。コピー用紙などの紙一枚ではなく、たとえ数ページであってもご自身の生い立ちや写真を含む小冊子のスタイルであれば、式次第と共に処分されることなく取り置いてもらえる可能性が高まります。印刷するとなると、ある程度まとまった数になりますが、生前はトラクトとして証しの際に活用することもできます。
・教会全体の取り組みとして、前述のような信徒各自の証しを作成しておき、葬儀の際に配布する流れを作っておく。
・召天者記念礼拝などの記念会（仏教における法事）を教会が積極的に行い、遺族の同意が得られれば故人の親戚・知己の方々に招待状を送って、教会に足を運んで福音を聞いてもらえる機会を増やしていく。
・ご遺族へのグリーフケアとして、教会から一か月後、三か月後、半年後、一年後など定期的にカードやお便りをお送りし、慰めと励ましのメッセージと共に、天国での故人との再会の希望をお届けする。
・キリスト教葬儀社に依頼し、無料の終活セミナーやエンディングノートの書き方教室などを教会で開催する。

墓地を持っていない教会のためのキリスト教共同墓地や、キリスト教会との関わりがない方の葬儀の司式を無料で執り行ってくれる牧師有志の会もできてきました。これからも時代に合わせて、キリスト教葬儀は変化していくことでしょう。

しかし、どんなにキリスト教葬儀の形が変わっていこうとも、そこで語られる召された方の証しは、イエス・キリストと共に生きたその方から遺された者へ向けられた「いのちの遺言」であることに変わりはありません。なぜならその方が神から与えられたいのちをどう生きたのかを知ることによって、遺された者が希望を持てるようになるからです。

◆おわりに

若かりし頃、神を知らなかった私はどれほど多くの人を傷つけてきたことでしょう。その罪は償うことができないほど大きなものであります。そのことによって私は、希死念慮に囚われ続けてきました。しかし聖書の神を知ってからは、自分の罪深さを悔い改める一方で、立ち会わせていただいたキリスト教葬儀においてクリスチャン一人ひとりの救われた証しと出会い、「生も死も全てが神のあわれみの御手の中にあるのだ」という信仰に立った人生の証しを聞いて、そこに神の導きと平安を見つけることができたのです。それはキリスト教葬儀の中で語られた「いのちの遺言」に出会ったからこそ見つけることができた平安であったとも言えます。

以前は普通の会社員として働き、葬祭業というものに全く縁のなかった力不足な私を、スタッフとして辛抱強く働かせてくださった三社のキリスト教葬儀社には、本当に感謝の思いしかありません。また、私のわがままを幾度も聞いてくださり、退職後も私を支え続けてくださった弘和印刷株式会社の瀬田章弘社長にも、この場をお借りしてお礼を申し上げます。

今この人生を生きることと、イエス・キリストの十字架と復活にあずかる者の「いのちの希望」、そしてキリスト教葬儀について、拙著が少しでも皆さまのお役に立つことができましたら幸いです。

主はその母親を見て深くあわれみ、「泣かなくてもよい」と言われた。

そして近寄って棺に触れられると、担いでいた人たちは立ち止まった。イエスは言われた。「若者よ、あなたに言う。起きなさい。」

ルカの福音書七章一三〜一四節

イエス・キリストは息子を亡くした母親を見て深くあわれみ、その棺に手を差し伸べてくださいました。そのイエスは、私たちを罪と死から贖い出すために十字架にかかられ、三日目に復活されました。それはこの地上の人生を終えた私たちもキリスト・イエスの復活に与り、永遠のいのちに生きることの保証です。

そして同時に、それらの出来事は神に与えられたこのいのちを、今というこの時を大切に生きることを、私たちに教えるためでもあるのです。主が差し伸べてくださった、深いあわれみの手といつくしみに、心からの感謝をささげます。

第三部　キリスト教葬儀の手引きと司式文例

一　枕頭《ちんとう》（枕辺《まくらべ》）の祈り
二　ご遺体の搬送
三　納棺
四　葬儀式（前夜式・告別式）
五　出棺
六　火葬（炉前で行う祈り）
七　火葬待ち
八　収骨
九　解散とご挨拶

一　枕頭《ちんとう》（枕辺《まくらべ》）の祈り

臨終に際し、召された方の枕元で、いのちの主なる神に対してささげられる祈りです。通常、危篤の連絡を受けた牧師が到着してからになるため、亡くなられた後になる場合が多いです。納棺前に自宅・施設・病室・霊安室のいずれかで行います。病院の大部屋などでは病院側の許可が得られない場合もありますので、行う前に病院への確認が必要です。讃美歌は許可されない場合があります。

【賛美】※例・讃美歌21

108　眠れ、主にありて
112　イエスよ、みくにに
180　去らせたまえ
464　ほめたたえよう
465　神ともにいまして
518　主にありてぞ

541　また会うその日まで
569　今やこの世に
571　いつわりの世に

【聖書箇所】※聖書　新改訳2017

・ヨブ記一章二一節　「私は裸で母の胎から出て来た。また裸でかしこに帰ろう。主は与え、主は取られる。主の御名はほむべきかな。」

・詩篇二七篇一節　主は私の光　私の救い。だれを私は恐れよう。主は私のいのちの砦。だれを私は怖がろう。

・詩篇四六篇一節　神は　われらの避け所　また力。苦しむとき　そこにある強き助け。

・マタイの福音書五章四節　悲しむ者は幸いです。その人たちは慰められるからです。

・マタイの福音書一一章二八～三〇節　すべて疲れた人、重荷を負っている人はわたしのもとに来なさい。わたしがあなたがたを休ませてあげます。わたしは心が柔和でへりくだっているから、あなたがたもわたしのくびきを負って、わたしから学びなさい。そうすれば、たましいに安らぎを得ます。わたしのくびきは負いやすく、わたしの荷は軽いからです。

・コリント人への手紙第Ⅱ・四章一六〜一八節　ですから、私たちは落胆しません。たとえ私たちの外なる人は衰えても、内なる人は日々新たにされています。私たちの一時《いっとき》の軽い苦難は、それとは比べものにならないほど重い永遠の栄光を、私たちにもたらすのです。私たちは見えるものにではなく、見えないものに目を留めます。見えるものは一時的であり、見えないものは永遠に続くからです。

【祈祷】

「全知全能の父なる神さま、主の御名をあがめます。今、私たちは○○さん（姉妹・兄弟）を天へと見送りました。○○さんはこの世であなたに与えられたいのちを、忍耐をもって走りきりました。○○さんの人生を、主の御名によって感謝いたします。○○さんの霊を主の御手にお委ねいたします。もちろんこの地にある時もあなたの御手の中にありましたが、今、○○さんの霊を今ここに私たちの信仰の告白として、愛する○○さんの霊を、いのちの主なるイエスさま、あなたの御手にお委ねいたします。ご家族や教会の兄弟姉妹、またご友人がたそれぞれの思いに、どうか慰め主なる主ご自身が触れてくださり、慰めお守りくださいますようお祈りいたします。私たちの悲しみも痛みも共に負ってくださる主よ、どうか助けてください。私たちはこれからご葬儀の準備へと進みます。これらすべてが主におささげする礼拝となります よう守り導いてください。ご家族の上に慰めがあり、疲れを癒し、心も体もお守りください。 はじめから終わりまで、イエスさまがその主権をもって導いてくださいますように。主イエス・キリストの御名によってお祈りいたします。アーメン」

【枕頭（枕辺）の祈り後の打ち合わせ】

ご遺体の状態（留意点・感染症・お体に損傷・死後日数が経っている・腹水など）によっては特別処置、即納棺、直葬となる場合があるので、葬儀社と病院に確認してください。

二　ご遺体の搬送

病院で召された場合、清拭を済ませたご遺体はシーツに覆われ、葬儀社手配の搬送車のストレッチャーに乗せられて病室を出ます。お祈りのタイミングはシーツに覆われる前か、病室を出る直前のいずれかです。讃美歌は許可されない場合があります。

なお、「愛する者の死はそう簡単に受け入れられない」という配慮から、納棺までは「ご遺族」

ではなく「ご家族」と呼ぶほうが良いでしょう。納棺されたお姿を見て初めて、召されたことを徐々に受け入れられるようになる方が多いと思われます。

【賛美】※例・讃美歌21
460　やさしき道しるべの
461　みめぐみゆたけき
464　ほめたたえよう
569　今やこの世に

【聖書箇所】※聖書　新改訳2017
・詩篇二三篇一～四節　　主は私の羊飼い。私は乏しいことがありません。主は私を緑の牧場に伏させ　いこいのみぎわに伴われます。主は私のたましいを生き返らせ　御名のゆえに　私を義の道に導かれます。たとえ　死の陰の谷を歩むとしても　私はわざわいを恐れません。あなたが　ともにおられますから。あなたのむちとあなたの杖　それが私の慰めです。

・詩篇一二一篇一～八節　私は山に向かって目を上げる。私の助けは　どこから来るのか。私の助けは主から来る。天地を造られたお方から。主は　あなたの足をよろけさせず　あなたを守る方は　まどろむこともない。見よ　イスラエルを守る方は　まどろむこともなく　眠ることもない。主はあなたを守る方。主はあなたの右手をおおう陰。昼も　日があなたを打つことはなく　夜も　月があなたを打つことはない。主は　すべてのわざわいから　あなたを守り　あなたのたましいを守られる。主はあなたを　行くにも帰るにも　今よりとこしえまでも守られる。

・イザヤ書六六章一二～一三節　主はこう言われる。「見よ。わたしは川のように繁栄を彼女に与え、あふれる流れのように国々の栄光を与える。あなたがたは乳を飲み、脇に抱かれ、膝の上でかわいがられる。母に慰められる者のように、わたしはあなたがたを慰める。エルサレムであなたがたは慰められる」

・マタイの福音書五章四節　悲しむ者は幸いです。その人たちは慰められるからです。

・ヨハネの福音書一四章一～六節　「あなたがたは心を騒がせてはなりません。神を信じ、またわたしを信じなさい。わたしの父の家には住む所がたくさんあります。そうでなかったら、あなたがたのために場所を用意しに行く、と言ったでしょうか。わたしが行って、あなたがたに場所を用意したら、また来て、あなたがたをわたしのもとに迎えます。わたしがいるところに、あなたがたもいるようにするためです。わたしがどこに行くのか、その道をあなたがたは知っています。」トマスはイエスに言った。「主よ。どこへ行かれるのか、私たちには分かりません。どうしたら、その道を知ることができるでしょうか。」イエスは彼に言われた。「わたしが道であり、真理であり、いのちなのです。わたしを通してでなければ、だれも父のみもとに行くことはできません。

・ローマ人への手紙八章一八～二八節　今の時の苦難は、やがて私たちに啓示される栄光に比べれば、取るに足りないと私は考えます。被造物は切実な思いで、神の子どもたちが現れるのを待ち望んでいます。被造物が虚無に服したのは、自分の意志からではなく、服従させた方によるものなので、彼らには望みがあるのです。被造物自体も、滅びの束縛から解放され、神の子どもたちの栄光の自由にあずかります。私たちは知っています。被造物のすべては、今に至るまで、ともにうめき、ともに産みの苦しみをしています。それだけでなく、御霊の初穂をいただいている私たち自身も、子にしていただくこと、すなわち、私たちのからだが贖われることを待ち望みながら、心の中でうめいています。私たちは、この望みとともに救われたのです。目に見える望みは望みではありません。目で見ているものを、だれが望むでしょうか。私たちはまだ見ていないものを望んでいるのですから、忍耐して待ち望みます。同じように御霊も、弱い私たちを助けてくださいます。私たちは、何をどう祈ったらよいか分からないのですが、御霊ご自身が、ことばにならないうめきをもって、とりなしてくださるのです。人間の心を探る方は、御霊の思いが何であるかを知っておられます。なぜなら、御霊は神のみこころにしたがって、聖徒たちのためにとりなしてくださるからです。神を愛する人たち、すなわち、神のご計画にしたがって召された人たちのためには、すべてのことがともに働いて益となることを、私たちは知っています。

・テサロニケ人への手紙第Ⅰ・四章一三～一四節　眠っている人たちについては、兄弟たち、あなたがたに知らずにいてほしくありません。あなたがたが、望みのない他の人々のように悲しまないためです。イエスが死んで復活された、と私たちが信じているなら、神はまた同じように、イエスにあって眠った人たちを、イエスとともに連れて来られるはずです。

・ペテロの手紙第Ⅰ・五章六～一一節　ですから、あなたがたは神の力強い御手の下《もと》にへりくだりなさい。神は、ちょうど良《よ》い時に、あなたがたを高く上げてくださいます。あなたがたの思い煩いを、いっさい神にゆだねなさい。神があなたがたのことを心配してくださるからです。身を慎み、目を覚ましていなさい。あなたがたの敵である悪魔が、吼《ほ》えたける獅子のように、だれかを食い尽くそうと探し回っています。堅く信仰に立って、この悪魔に対抗しなさい。ご存じのように、世界中で、あなたがたの兄弟たちが同じ苦難を通ってきているのです。あらゆる恵みに満ちた神、すなわち、あなたがたをキリストにあって永遠の栄光の中に招き入れてくださった神ご自身が、あなたがたをしばらくの苦しみの後で回復させ、堅く立たせ、強くし、不動の者としてくださいます。どうか、神のご支配が世々限りなくありますように。アーメン。

【祈祷】

「天の父なる神さま、今、○○さん（姉妹・兄弟）のお体を病院から安置場所へと運ぼうとしています。○○さんの霊はすでにこの体を離れていますが、あなたからこの地で生きるよう与えられた尊い体ですから、その道中を守り、主にお返しする時までお守りください。今この別離の時、主がご家族の心を守ってください。この後、教会（ご自宅）でご葬儀の打ち合わせをいたします。主がその一切を司《つかさど》り、導いてください。主イエス・キリストの御名によって、お祈りいたします。アーメン」

【搬送後の打ち合せ】

火葬予約は刻一刻と埋まってしまいますから、いくつかの候補日をご遺族と相談し、葬儀社に式場（教会・斎場など）と牧師の日程を調整してもらうのが良いでしょう。

式場に関しては主な会葬者のお住まい、会葬者人数、近隣への配慮、ご遺族の体調、教会の空調設備などを考慮し、葬儀社に相談してください。教会で式を行う場合、かつ初めての葬儀社を利用する場合は、事前に式場としての教会を葬儀社に見てもらうのが良いでしょう。予想される人数によっては、葬儀社から受付テントの設営や、式場変更の提案がある場合もあります。教会がいつも利用している斎場があれば、葬儀社に伝えましょう。

三　納棺

納棺の祈りは、場所や時間、またご遺体の状態により、必ずしも行えるとは限りません。葬儀社と相談し、ご遺族に提示してください。なお、看病から看取りに至るまでのご家族の疲れを考慮し、負担を軽減するため、納棺の祈りは短いほうが良いでしょう。牧師のメッセージは葬儀式（前夜式／告別式）のみで良いと思われます。

教会・ご自宅を問わず、ご遺体の安置に際して西枕や北枕などの配慮は必要ありません。枕元に小さな台を置き、聖書・花瓶などを置いても良いでしょう。この時に台の上に花を飾る場合は、仏式のイメージが強い菊以外の花が良いと思います。

なお、棺の中に故人の思い出の品を入れる場合、有害な煙を発生させるものや金属・ガラスなど不燃性のものは、ご遺体を損傷させるおそれがあるので入れられません。副葬品については、必ず葬儀社に確認してください。

【賛美】※例・讃美歌21

434、435　主よ、みもとに

464　ほめたたえよう

492　み神をたたえる心こそは

【聖書箇所】※聖書　新改訳2017

・ヨブ記一章二一節　そして言った。「私は裸で母の胎から出て来た。また裸でかしこに帰ろう。主は与え、主は取られる。主の御名はほむべきかな。」

・詩篇二七篇一節　主は私の光　私の救い。だれを私は恐れよう。主は私のいのちの砦。だれを私は怖がろう。
・マタイの福音書五章四節　悲しむ者は幸いです。その人たちは慰められるからです。
・ヨハネの福音書一〇章二八～三〇節　わたしは彼らに永遠のいのちを与えます。彼らは永遠に、決して滅びることがなく、また、だれも彼らをわたしの手から奪い去りはしません。わたしの父がわたしに与えてくださった者は、すべてにまさって大切です。だれも彼らを、わたしの父の御手から奪い去ることはできません。わたしと父とは一つです。」
・ヨハネの福音書一一章二五～二六節　イエスは彼女に言われた。「わたしはよみがえりです。いのちです。わたしを信じる者は死んでも生きるのです。また、生きていてわたしを信じる者はみな、永遠に決して死ぬことがありません。あなたは、このことを信じますか。」
・ヨハネの福音書一四章一～六節　「あなたがたは心を騒がせてはなりません。神を信じ、またわたしを信じなさい。わたしの父の家には住む所がたくさんあります。そうでなかったら、あなたがたのために場所を用意しに行く、と言ったでしょうか。わたしが行って、あなたがたに場所を用意したら、また来て、あなたがたをわたしのもとに迎えます。わたしがいるところに、あなたがたもいるようにするためです。わたしがどこに行くのか、その道をあなたがたは知っています」。トマスはイエスに言った。「主よ。どこへ行かれるのか、私たちには分かりません。どうしたら、その道を知ることができるでしょうか。」イエスは彼に言われた。「わたしが道であり、真理であり、いのちなのです。わたしを通してでなければ、だれも父のみもとに行くことはできません。」

・ピリピ人への手紙三章二〇～二一節　しかし、私たちの国籍は天にあります。そこから主イエス・キリストが救い主として来られるのを、私たちは待ち望んでいます。キリストは、万物をご自身に従わせることさえできる御力によって、私たちの卑しいからだを、ご自分の栄光に輝くからだと同じ姿に変えてくださいます。

【祈祷】

「天の父なる神さま、これより、○○さん（姉妹・兄弟）のお体をお棺に納めます。私たちの体は神の宮です。私たちが祈る時、主はいつも共におられ、私たちが礼拝する時、主がいつも耳を傾けてくださることを感謝いたします。私たちの体は主のものです。いつの日か御前《みまえ》でご一緒に賛美をする希望をもって、今、○○さんのお体をあなたにお返しいたします。これから葬儀、火葬と進んでまいりますが、その一つひとつに主の御心があらわされますように。すべてを主におゆだねする時、この世が与えるものとは違う主の平安が与えられますように。これから行われるご葬儀においても、ご家族の心と体が守られますように。主イエス・キリストの御名によって、お祈りいたします。アーメン」

【納棺後の打ち合せ】

式場で納棺をした場合、その日に葬儀式となることがあります。その場合は葬儀社に次のようなアナウンスをしてもらいます。

「これからの予定をご案内いたします。この後、式場の準備をいたします。葬儀式（前夜式・告別式）は○○時からこの礼拝堂で行われます。開式までまだお時間がありますので、皆さんはお席（控室／ラウンジ／階下・階上のお部屋）でお待ちください」。

また、この時点で葬儀社より式中の留意点など、ご遺族と牧師へ確認事項があるはずです。ご遺族の皆さんが集まっているこの時点での打ち合わせが良いかもしれません。

【確認事項例】

・献花後の立礼《りつれい》の場所と人数（順番）

・献花の順番、方法
・開式アナウンスについて
・献花後の退出について　……など

献花に送り主の名札がついている場合、礼拝にはなじみませんから、外したほうが良いでしょう。芳名板や故人の思い出の品の展示など、礼拝とは直接関係のないものは礼拝堂内には置かず、ロビーや玄関などに設置するようにします。

棺の向きは大きく分けて講壇に対して九十度の縦置きと、会衆席と並行の横置きがあります。どちらの場合も聖餐卓がある場合は棺の高さが聖餐卓より高くならないようにします。また、花や写真を飾るのに聖餐卓を利用することは厳に慎まなくてはなりません。

棺の位置は中央または左右のどちらかになりますが、ご遺体の頭の方向を（縦置きの場合前後、横置きの場合左右）どちらにするのかは司式をする牧師の神学や、教会の伝統に準ずることが多いです。

遺影写真の位置も真ん中、または左右のどちらかになるのか決めなければなりませんが、棺や講壇の位置との兼ね合いと共に、これらも教会の伝統や牧師の神学的解釈によって異なってきます。西枕や北枕はキリスト教葬儀では聖書にその根拠箇所は見当たりません。なお、これらは葬儀礼拝に関する事柄ですから、最終的な判断は葬儀社ではなく、司式者である牧師が行うのが良いでしょう。

礼拝堂は「主なる神」を中心としたものですから、葬儀の式を行う場合でも、「中心となるのは神であって死者ではない」という神学的な構成を崩さないようにします。

式場の準備が整った時点で、記念に棺や祭壇の写真を撮る場合、故人の亡骸のお姿はそれぞれの思い出と共に心の中にとどめ、棺の中の故人の撮影は控えられるようお伝えすると良いでしょう。キリスト教葬儀ではご遺体を拝むことは差し控えるべきですが、あくまでも故人が生きていた時と同じように、神が創造されたひとりの人間としての尊厳へ配慮することが大切となります。ですから花祭壇の準備中に棺の上に物を置いたり、遺影の写真額を直《じか》に床に置いたりすることのないよう配慮します。

四　葬儀式（前夜式・告別式）

基本的には主日礼拝の順番を踏襲します。その上で、◆印の項目が追加となります。これらを頌栄の前に入れて全てを礼拝とするのか、終祷の後に入れて礼拝外のものとするかは、各教会により異なります。

また、◆印はご遺族の体調や時間・式場スペースの状況により省略も可能です。葬儀社と相談し、ご遺族へ提示してみてください。

式のタイムテーブルは葬儀社と事前にしっかり相談しておきましょう。献花などで時間調整をしてくれます。前夜式は翌日の告別式を考慮し、終了時間があまり遅くならないように配慮しましょう（概ね午後七時から八時半くらいに終了すると良い）。

【葬儀式・式次第の一例】

●招詞
●賛美
●聖書朗読

●祈祷
●説教
●祈祷
●讃美歌（故人の愛唱讃美歌など）
●頌栄
●終祷（祝祷でも良い）
◆お別れのことば
◆電報紹介
◆遺族代表挨拶
◆献花（前夜式）
◆飾花（告別式）

※開式五分前アナウンス（葬儀社か教会奉仕者が担当）
「開式にあたり、ご案内いたします。携帯電話をお持ちの方は、式進行の妨げとなるおそれがありますので、電源をお切りになるか、音が鳴らないよう設定をお願いいたし

ます。（式次第がある場合）式次第のない方は手を挙げてお知らせください。係がお持ちします。

式の間に体調が悪くなった方は、無理せずすぐにお知らせください。周りの方もお手伝いくださいますようお願いいたします。まもなく開式いたします。そのままお席でお待ちください」

※故人への拝礼行為について

未信者の方が多い場合、「合掌やお辞儀という行為は、遺族に対する弔意や故人を悼む気持ちの発露である」と考え、言及しないとする教会もあります。会葬者や教会員のつまずきにならないように、常日頃からどのように行うかを教会で祈り、話し合っておきましょう。言及する場合は以下のような例となります。

「これから執り行います葬儀式（前夜式・告別式）は、私たちが神さまに対してささげる礼拝となります。キリスト教葬儀は、遺されたご家族・友人・兄弟姉妹、またその死を悲しむすべての人の慰めとなるものですが、何よりもいのちを与えられた神さまにささげる礼拝です。式の間、お棺やお写真への合掌、またお辞儀など、故人への拝礼行為はお避けくださいますようお願い申し上げます」

●招詞　※聖書・新改訳2017

・ヨブ記一章二一節　そして言った。「私は裸で母の胎から出て来た。また裸でかしこに帰ろう。主は与え、主は取られる。主の御名はほむべきかな。」

・ヨブ記一九章二五節　私は知っている。私を贖う方は生きておられ、ついには、土のちりの上に立たれることを。

・詩篇六八篇一九〜二〇節　ほむべきかな　主。日々　私たちの重荷を担われる方。この神こそ　私たちの救い。神は私たちの救いの神。死を免れるのは　私の主　神による。

・詩篇一二四篇八節　私たちの助けは　天地を造られた主の御名にある。

・イザヤ書五五章六節　主を求めよ、お会いできる間に。呼び求めよ、近くにおられるうちに。

・哀歌三章二一〜二四節　私はこれを心に思い返す。それゆえ、私は言う。「私は待ち望む。主の恵みを。」実に、私たちは滅び失せなかった。主のあわれみが尽きないからだ。それは朝ごとに新しい。「あなたの真実は偉大です。主こそ、私への割り当てです」と　私のたましいは言う。それゆえ、私は主を待ち望む。

・マタイの福音書五章四節　悲しむ者は幸いです。その人たちは慰められるからです。
・ヨハネの福音書三章一六節　神は、実に、そのひとり子をお与えになったほどに世を愛された。それは御子を信じる者が、一人として滅びることなく、永遠のいのちを持つためである。
・ヨハネの福音書一一章二五～二六節　イエスは彼女に言われた。「わたしはよみがえりです。いのちです。わたしを信じる者は死んでも生きるのです。また、生きていてわたしを信じる者はみな、永遠に決して死ぬことがありません。あなたは、このことを信じますか。」
・コリント人への手紙第Ｉ・一五章五四～五五節　そして、この朽ちるべきものが朽ちないものを着て、この死ぬべきものが死なないものを着るとき、このように記されたみことばが実現します。「死は勝利に呑み込まれた。」「死よ、おまえの勝利はどこにあるのか。死よ。おまえのとげはどこにあるのか。」

●賛美　※例・讃美歌21
11　感謝にみちて
18　心を高く上げよ！

107　主イエスのみ名は
108　眠れ、主にありて
109　天地はすべて
110　死はひそかに
111　信じて仰ぎみる
120　主はわがかいぬし
121　主はわが牧者
141　主よ、わが助けよ
155　山べにむかいて
156　目を上げ、わたしは見る
213　み神をたたえよ
216　月はのぼりて
218　日暮れてやみはせまり
220　日かげしずかに
239　王なるキリストは

314　神の国の命の木よ
318　勝利の声を
321　しずかな喜び
327　すべての民よ、よろこべ
332　恐れを捨て去り
336　主の昇天こそ
377　神はわが砦
379　この世にあかし立てて
381、382　力に満ちたる
385　花彩る春を
434、435　主よ、みもとに
436　十字架の血に
447　神のみこころは
450　死に勝利された
451　くすしきみ恵み

457　神はわが力
460　やさしき道しるべの
461　みめぐみゆたけき
467　われらを導く
469　善き力にわれかこまれ
492　み神をたたえる心こそは
518　主にありてぞ
528　あなたの道を
530　主よ、こころみ
532　やすかれ、わがこころよ
545　まことの神
548、549　わたしたちを造られた神よ
569　今やこの世に
570　主はわが命
571　いつわりの世に

572　主をあがめよ
573　光かかげよ、主のみ民よ
574　雪より真白い
575　球根の中には
579　主を仰ぎ見れば
580　新しい天と地を見たとき

●聖書朗読

メッセージの該当聖書箇所を朗読します。奉仕者が講壇で読む場合は、交代する時間などを考慮してください。時間がない場合は牧師が読むと良いでしょう。

●祈祷

「天の父なる神さま、ここに、私たちは、この世の旅路を終えて、私たちの知ることのできないあなたの深い御旨の中でこの世を去り、あなたの御前《みまえ》に召された○○さん（姉妹・兄弟）の亡骸《なきがら》の前に集いました。願わくは○○さんを天に送り、地上における別れの悲しみの中にあるご遺族の上に、あなたの慰めと平安をお与えください。愛する者をあなたのみもとに送る私たちが、天の御国を身近に覚え、ますます主を仰ぎ見つつ、信仰の道を進むことができますように導いてください。そして私たちもまたこの世を去る時、イエス・キリストを信じた者として、○○さんと共に主の御前における再会の希望に生きるものとしてください。慰め主、主イエス・キリストのお名前によってお祈りいたします。アーメン」

●説教

(一)故人の出生について
(二)生涯について
(三)最期について
(四)遺族について

これらを十分から十五分でまとめます。故人の肯定的な面や長所について語り、名誉を損なうことや短所はけっして含めるべきではありません。また故人の業績を称賛するかのような内容は、神に生かされた人の人生を振り返る場にはそぐわないので、語るべきではないでしょう。葬儀式説教は死者に聞かせるためではなく、今を生きる人々に対して語るものです。

キリストの十字架と復活の福音によって遺族を慰め力づけ、未信者の参列者が神の愛を知る時となるよう努めます。

大先輩の牧師が昔ある葬儀に参列した時の話ですが、司式の牧師が赤いネクタイをして満面の笑みを浮かべ、開口一番「ハレルヤ！　天国に凱旋おめでとう」と叫んだそうです。それを見たその先生は「ご遺族はみんな涙を流しているのに」と、とても驚かれ、「この牧師の言葉は神学的には正しいですが、人としての配慮が欠けていると感じました」と言われました。

そして「クリスチャンの天国への希望は素晴らしいですが、人間として愛する人とのしばしの別れは、つらく悲しいものであることも忘れてはいけないですね」と教えてくださいました。葬儀に相応しい服装もそうですが、語る言葉への慎重な配慮と、何よりもご遺族への慈しみの心を大切にしなければならないと思わされました。

説教は故人の略歴を紹介し、聖書からメッセージを語るものです。故人の思い出に終始するのではなく、未信者のご遺族のためにイエス・キリストの救いにも触れ、天の御国における再会の希望をもって、主の憐れみと栄光の現れる内容を語るようにしましょう。

●祈祷

「天の父なる神さま、私たちは今、○○さん（姉妹・兄弟）の葬式を執り行います。主よ、願わくは今、悲しみの中にある私たちが、やがて天の御国で○○さんと再会することを信じ、救い主イエス・キリストへの信仰と、天の御国への希望とをもって過ごすことができるように導いてください。主イエス・キリストの御名によってお祈りいたします。アーメン」

●讃美歌

基本的には牧師の説教に則した讃美歌を歌いますが、故人の愛唱讃美歌を事前に確認して賛美しても良いでしょう。生前にエンディングノートに書いてある場合もありますので確認してください。

●頌栄　※例・讃美歌21

２４　たたえよ、主の民

25 父・子・聖霊に
27 父・子・聖霊の
28 み栄えあれや
29 天のみ民も

●終祷（祝祷）

◆お別れのことば　※省略しても良い

「お別れのことば」「思い出」など、名称はなんでもかまいません。ひとり三分ほどで、ご遺族・ご親族や教会役員、故人と仲の良かった方など二〜三名が目安です。時間を厳守できそうにない人は避けたほうが良いでしょう。ここでの時間コントロールは、牧師以外にはできないのでご留意ください。告別式では飾花の時間を確保するため、省略する場合が多いです。

※お別れのことばアナウンス（葬儀社か教会奉仕者が担当）

「それではここで、□□さまよりお別れの（思い出の）ことばをいただきます」

◆電報紹介

出席者よりも弔電を優遇するような扱いは避けましょう。人に焦点がいかないよう省略する教会もありますが、ご遺族の立場上、会葬者を配慮した上で読み上げて欲しいと言われる場合もあります。また時間の制約があって読めない場合もあります。事前に決めておくのが良いでしょう。読む場合は、①全文読むもの ②お名前のみ読み上げるもの ③順番 ④お名前のフリガナなどを事前に確認しておく必要があります。

※電報紹介アナウンス（葬儀社か教会奉仕者が担当）

「それでは、これまでに頂戴した電報をお読みします。順不同です。～電報読み上げ～ 以上です。この他たくさん頂戴していますが、お時間の都合上、割愛させていただきます」

◆遺族代表挨拶

通常、ご遺族代表は故人の配偶者、長男または長女ですが、どなたでも問題はありません。ご会葬の方にご遺族からの感謝を示す機会となりますが、文言に決まりはありません。ご遺族の負担が大きいようであれば、臨機応変に対応してください。

ご高齢の方、体が不自由な方の場合は椅子を用意し、マイク位置の調整をして、ご挨拶が会葬者に聞き取りにくくならないように注意する必要があります。

※遺族代表挨拶アナウンス（葬儀社か教会奉仕者が担当）

「それではご遺族を代表して□□さまより、ご挨拶をお願いいたします」

◆献花（前夜式）

拝礼行為などを避けるため、教会の規定として献花を行わないことにしている教会もあります。また時間・式場スペースの状況にもよります。献花中は棺の蓋を開けるのが一般的ですが、ご遺体の状態により閉めたままでも問題ありません。故人の顔を見る最後の機会となりますが、会葬者が多い場合は時間がかかりますので、葬儀社に相談してみましょう。

スペースや時間の制約がある場合、献花の後は席に戻らず、そのまま退出する場合もありますので、事前に葬儀社と相談しご遺族に提示してください。ただしそのまま退出する場合は、告別式のアナウンスを献花の前に行います。献花の案内は牧師ではなく、実際に誘導する葬儀社や教会員に任せるほうが良いでしょう。

教会・牧師として、妥協できないことがあればしっかり共有してください。キリスト教葬儀の通例として、花の向きは故人に花を手向ける形にならないようにします。いつもの礼拝との違いは、献花をしていただく方々の動線確保が不可欠だということです。事前に葬儀社に相談して決めておきましょう。牧師がご遺族より先に献花をして例を示すと、後に続く方も行いやすいと思います（最後に牧師、奏楽者が献花する場合もあります）。

※献花アナウンス（葬儀社か教会奉仕者が担当）

「これより献花の準備をさせていただきます。なお、献花は○○さん（姉妹・兄弟）の人生にあらわされた神さまの恵みを覚えてささげる、神さまへのささげものです。また、友ラザロが亡くなった時、主イエスさまが悲しまれたように、私たちの思いをあらわすものでもあります。（ですから仏教における焼香に代わるものではありませんので、お写真やお棺への合掌・拝礼はお避けくださいますようお願いいたします）。

それでは、献花の方法についてご説明いたします。係の案内に従い、お花を一本お受け取りください。それを持って進み、棺の前に用意された献花台の上に、お花の輪《りん》が手前を向くように置いてください。献花が終わりましたら、ご遺族に立礼《りつれい》をいただきますので、ご遺族はご挨拶をお受けください」（または「慰めと励ましのことばをご遺族におかけください」としても良いです。ただし、①時間がかかる②列が滞る③ご遺族の負担が大きい、などのデメリットがあり、告別式では用いない場合もあります）。

※献花後の案内アナウンス（葬儀社か教会奉仕者が担当）

「終わりましたら、係の案内に従いお席までお戻りください」（または「そのままご退出となりますので、お席をお立ちの際はすべてお手荷物をお持ちください」）。

「ご案内の順番についてお知らせします。はじめにご遺族とご親族が献花をされます（最初に牧師が行うことで手本を示すこともできます）。ご親族がお席にお戻りの後、前のほうより順番にご案内いたしますので、係の者が来るまで、お席でお待ちください」（献花の準備が整ったところで案内を開始してもらう。なお、献花中はＢＧＭとして奏楽か賛美ＣＤを流すと良いでしょう。音源をどうするか、再生機械は何を使うか、事前に葬儀社にご相談ください）。

●前夜式後の告別式のご案内

前夜式は告別式より時間の制約が少ないため、会葬者がゆっくりお別れの時間を持つことができます。開式に間に合わなかった会葬者も、遅れて駆けつけることが可能です。もちろん葬儀会場の使用時間の都合や近隣への配慮から、式の終了後すぐに退出を促しても問題はありません。
また、ご遺族のお疲れにも配慮し、早めにお帰りいただくことが必要な場合もあります。告別式ご案内アナウンス時に「この後、本日○○時まで、お顔を拝見することができます」としても良いでしょう。

※告別式のご案内アナウンス（葬儀社か教会奉仕者が担当）

「これにて前夜式を終了いたします。明日の告別式は○時から当教会（この式場）にて執り行い、○時出棺の予定です。お時間の許される方は足をお運びください。なお、斎場（火葬場）へはご遺族とご親族のみの参列となっておりますので、ご了承ください。それでは皆さま、どうかお気をつけてお帰りください」

前夜式に間に合わなかった方が駆けつけてくる場合があります。退室まで時間の余裕がある場合は「この後、しばらく棺の蓋を開けておきますので、お顔をご覧になる方は前へおいでください。順番はありませんので、ご自由にお進みください」とアナウンスしても良いでしょう。

前夜式と告別式がある場合は、途中まで前夜式と同じですが、終祷（祝祷）以降が変わります。告別式は出棺の時間が決まっているため、時間内にしっかりお別れをしていただくことが優先事項となります。斎場（火葬場）への入場が遅れると、その日に収骨できなかったり、出入り禁止になったりすることがありますので、念のため開式挨拶の時に出棺時間をアナウンスするのも良いでしょう。また、説教（メッセージ）が大幅に長くあるいは短くならないように留意します。

告別式においては、前夜式での「献花」が「飾花」に代わります。告別式で献花と飾花の両方を行うという教会もありますが、何度も立ったり座ったりする負担が大きいため、飾花のみが通例となっています。

◆飾花《しょくか》（告別式）

※飾花ということばは教会・地域によって違いますのでご確認ください。教会・牧師として妥協できないことがあれば、しっかり共有してください。必要であれば、葬儀社に拝礼行為禁止などのアナウンスもお願いしておきます。

お花や椅子を動かすケースなど、スペースと移動時間が必要な場合があります。講壇や聖餐卓などは、動かしても良いものとそうでないものを事前に葬儀社に伝えておきましょう。

役員（長老）会や葬儀委員などで、葬儀の場合の講壇や礼拝堂の使い方を予め決めておくことを推奨します。

※飾花アナウンス（葬儀社か教会奉仕者が担当）

「これより飾花、お別れの時となります。祭壇に飾られているお花を係が準備いたします。最初にご遺族（または牧師）、次にご親族、それから皆さまにお花をお渡ししますので、棺の中にお入れくださいい。（＊注1）それでは準備をさせていただきますので、今しばらくお待ちくださいませ」

＊注1　献花のためのスペースを空ける必要がある場合は「その際、広いスペースが必要となります。恐れ入りますがお手荷物をお持ちの上、席をお立ちになり、〇〇（礼拝堂の後ろ、玄関ホールなど）でお待ちください。なお、壁際に椅子をご用意いたしますので、立っていることが難しい方はどうぞお座りになってお待ちください」とアナウンスすると良いでしょう。

※飾花の準備が整ったところで、案内を開始してもらいます。なお、献花中はBGMとして奏楽か賛美CDを流すと良いでしょう。曲目や再生機械は何を使うかなど、事前に葬儀社にご相談ください。

飾花中に葬儀社が時間調整しているはずですが、問題があった場合は牧師に相談をしてくれます。牧師は出棺までなるべく席を外さないようご留意ください。最後に、もう一度ご遺族・ご親族を中心にお花が手渡されます。

葬儀式（告別式）開式以降は、斎場（火葬場）に到着して炉前で火葬前の祈りを終えるまで、離席できる時間はほぼありません。準備やお手洗いは式前に済ませておきましょう。高齢の方が多く、お手洗いの利用など教会を出るまで時間がかかると予測できる場合は事前に葬儀社に相談し、出棺までの時間を長くとるようにしてください。

五　出棺

葬儀社が棺の蓋を用意し、ご遺族・ご親戚が棺周りに集まってから、棺の蓋を閉じます。棺の蓋を閉める前か後に、牧師が出棺のお祈りをします。タイミングは牧師が決め、事前に葬儀社に伝えておきましょう。葬儀社に出棺の祈りのタイミングを合図してもらうようにしても良いでしょう。

●出棺の祈り

「恵み深い天の父なる神さま、御名をあがめます。今、○○さんの体は、愛する方々に見送られ、この教会（式場）を出発します。生も死も、私たちをキリストの愛から引き離すことはできません。主の御前で再び共にあなたを礼拝できる日を私たちは期待し、主にお委ねいたします。どうかここにおいでになるすべての方々の上に、また今日集うことのできなかった方々の上にも、主が慰めと癒しを注いでくださり、あなたの御翼の陰で平安を得させてくださいますように。あなたに与えられたいのちの日を数え、信仰の創始者であり完成者であるイエスさまから目を離さず、忍耐をもって走り続けることができるように助けてください。主の永遠に変わらない愛、日ごと新しい恵みを感謝し、主イエス・キリストの御名によってお祈りいたします。アーメン」

※牧師は炉前で必要な讃美歌、聖書などを持って先頭に、次にご遺族代表がお写真を持って進み、その次に親族の近しい男性数名で棺を柩車（搬送車）まで運んでいただきます。ご遺族・ご親族はその後に続き、柩車に棺をお納めした後、ご遺族が参列者への感謝のご挨拶をします。ただし出棺時間が優先されますので、割愛する場合もあります。

※ご遺族代表は柩車助手席に、他の方はそれぞれの車に乗り込み、斎場（火葬場）へと出発します。この際、出棺時のクラクションは鳴らさない教会が多いです。乗車誘導は慣れている教会員の方か葬儀社に任せるのが良いと思われます。事前にお決めください。

※出棺のアナウンス（葬儀社か教会奉仕者が担当）

「これより出棺いたします。離れた駐車場に車を停めている方は、ドライバーの方のみ今、お車を取りに行ってください。斎場へ行かれる方は、讃美歌を歌いますので式次第をお持ちください。牧師、ご遺族代表、お棺の順に参りますので、そのあとをご遺族・ご親族がお進みください。教会員の方、一般の方はそのあとをお進みいただき、皆さま○○（正面玄関、表通り、駐車場など）までおいでください。この礼拝堂にてお見送りとなります」

※会葬者がどこで見送るか、最後にご遺族代表が柩車に乗る前に最後のお礼のご挨拶をするかは、時間と状況により判断します。出棺時間、天候、外のスペース、近隣などを考慮し、葬儀社とご相談ください。

六　火葬（炉前で行う祈り）

火葬の前に讃美歌を歌う場合は、式次第などを予め準備しておきます。斎場（火葬場）の住所を事前にカーナビに入れておくことをお勧めします。

火葬予約時間までに遺族代表さえいれば、全員集まっていなくても火葬は開始となります（火葬場によっては、たとえ牧師でも例外はありません）。原則的に待ってはくれないのでご留意ください。遅れると翌日収骨、または出入り禁止の可能性があります。ただし、道路交通法は厳守で斎場に向かいましょう。

炉前で行う祈りは火葬場によりますが、およそ五分程度までです。音を出すこと（ヒムプレーヤーまたは讃美歌そのもの）が禁止されているところもあるので、事前に葬儀社に確認しておきましょう。

牧師はご遺族代表の近く、または棺をはさんでその対面に立ちます。もしくは係員の指示に従ってください。棺の上に小さな花束を置いても良いでしょう（飾花の時に葬儀社に棺用の花束を作ってもらうことをお勧めします）。

●賛美

葬儀式で使った讃美歌を用います（炉前での祈りは通常、全体で五分ほどですから、賛美ができたとしても通常は一節のみとなります）。

●聖書箇所　※聖書・新改訳2017

・詩篇一一六篇一〜五節　私は主を愛している。主は私の声　私の願いを聞いてくださる。主が私に耳を傾けてくださるので　私は生きているかぎり主を呼び求める。死の綱が私を取り巻き　よみの恐怖が私を襲い　私は苦しみと悲しみの中にあった。そのとき　私は主の御名を呼び求めた。「主よ　どうか私のいのちを助け出してください。」　主は情け深く正しい。まことに　私たちの神はあわれみ深い。

・詩篇一一六篇一五節　主の聖徒たちの死は　主の目に尊い。

・ローマ人への手紙六章三〜四節　それとも、あなたがたは知らないのですか。キリスト・イエスにつくバプテスマを受けた私たちはみな、その死にあずかるバプテスマを受けたのではありませんか。私たちは、キリストの死にあずかるバプテスマによって、キリストとともに葬られたのです。それは、ちょうどキリストが御父の栄光によって死者の中からよみがえられたように、私たちも、新しいいのちに歩むためです。

・ローマ人への手紙一四章七～九節　私たちの中でだれ一人、自分のために生きている人はなく、自分のために死ぬ人もいないからです。私たちは、生きるとすれば主のために生き、死ぬとすれば主のために死にます。ですから、生きるにしても、死ぬにしても、私たちは主のものです。キリストが死んでよみがえられたのは、死んだ人にも生きている人にも、主となるためです。

・テサロニケ人への手紙第Ｉ・四章一三～一八節　眠っている人たちについては、兄弟たち、あなたがたに知らずにいてほしくありません。あなたがたが、望みのない他の人々のように悲しまないためです。イエスが死んで復活された、と私たちが信じているなら、神はまた同じように、イエスにあって眠った人たちを、イエスとともに連れて来られるはずです。私たちは主のことばによって、あなたがたに伝えます。生きている私たちは、主の来臨まで残っているなら、眠った人たちより先になることは決してありません。すなわち、号令と御使いのかしらの声と神のラッパの響きとともに、主ご自身が天から下って来られます。そしてまず、キリストにある死者がよみがえり、それから、生き残っている私たちが、彼らと一緒に雲に包まれて引き上げられ、空中で主と会うのです。こうして私たちは、いつまでも主とともにいることになります。ですから、これらのことばをもって互いに励まし合いなさい。

●火葬前（炉前）の祈り

「主よ、今◯◯さんのお体を大地にお返しするため炉に納めます。復活といのちの主よ、御国にてあなたの御前で会い、◯◯さんとご一緒に礼拝する日を覚え、あなたにお委ねいたします。お受け取りください。ご家族またご関係の皆さまに、深い慰めを与えてください。主イエス・キリストのお名前によってお祈りいたします。アーメン。（斎場スタッフまたは葬儀社へ）それでは宜しくお願いいたします」

●棺が炉に収められる

収骨（火葬終了）時間は、斎場スタッフから葬儀社に伝えられますので、この後の案内とアナウンスは葬儀社にしてもらうのが良いでしょう。

七　火葬待ち

●火葬待ち

およそ一時間～一時間半ですが、地域や斎場（火葬場）によって前後します。休憩室は食べ物の持ち込みを禁止している施設が多いです。詳細は葬儀社に確認しておきましょう。軽食などを売っているところもあります。火葬待ちがお昼前後の時は、会食を予約する場合もあります。

この待ち時間を用いて今後のこと（納骨式や召天者記念礼拝など）をご遺族と話すのも良いでしょう。ご遺族にとっては張り詰めていた心が少しゆるむ時でもあります。牧師が未信者のご親族と話す良い機会かもしれません。

八　収骨

●収骨

収骨前に葬儀社から火葬場スタッフへ、キリスト教葬儀であるため二人箸ではなく一人ひとりで収骨を行う旨と、「喉ぼとけの説明もなし」と伝えておいてもらいます。

収骨の時間になると火葬場スタッフが声をかけに来ますので、全員で一緒に移動します。ご遺族代表だけがお骨の確認のため、先に別の場所に行くこともあります。斎場スタッフや葬儀社の案内に従ってください。収骨には帯同しない牧師もいます。収骨後はそのまま解散となる場合がほとんどですから、手荷物など忘れ物のないようにします。

九　解散とご挨拶

●収骨後

斎場（火葬場）によりますが、収骨終了後は速やかな退出が求められます（次の火葬の準備があるため）。お祈りをしたりご遺族がご挨拶をされる場合は、駐車場などへ場所を移動してから行うのが良いでしょう。葬儀社にご相談ください。

●葬儀社による解散と感謝

「これにて、○○さんのご葬儀の全日程は終了となります。皆さま、お疲れさまでした。

ご家族はこれからしばらくの間、事務的な手続きなどでお忙しい時を過ごされることと思います。皆さま、祈りに覚えてお支えください。今日はできればゆっくりお休みくださいますように。それではお気をつけてお帰りください。お疲れさまでした」

以上がキリスト教葬儀の流れの一例となります。これらが少しでも皆さまのご参考になれば幸いです。

【参考文献・著者および出版元】※書名五十音順

『イエス様のかばん持ち説教十選』（福澤満雄著・プレイズ出版刊）
『恐れるな　小さい群れよ』（疋田　博著・イーグレープ刊）
『キリスト教式文』（尾山令仁著・羊群社刊）
『キリスト教葬儀』（疋田　博著・いのちのことば社刊）
『キリスト教葬儀のこころ』（オリエンス宗教研究所刊）
『キリスト教葬儀の手引き』（日本同盟基督教団刊）
『キリスト教葬制文化を求めて』（清野勝男子著・ＩＰＣ出版センター刊）
『キリスト教における死と葬儀』（石居基夫著・キリスト新聞社刊）
『キリストの教会はこのように葬り、このように語る』
（加藤常昭著・日本キリスト教団出版局刊）
『讃美歌21』（日本基督教団讃美歌委員会編・日本基督教団出版局刊）
『自分らしい葬儀　～準備ガイド～』（いのちのことば社刊）
『新改訳聖書２０１７』（新日本聖書刊行会刊）

『聖書の「死と天国」』（鈴木崇巨著・春秋社刊）
『葬儀説教集　北の大地に生きた人々』（渡辺兵衛著・キリスト新聞社刊）
『トラクト　キリスト教の葬儀に参列するとき』
（全国家庭文書伝道協会編・いのちのことば社刊）
『日本基督教団式文』（日本基督教団信仰職制委員会編・日本キリスト教団出版局刊）
『日本宣教』（後藤牧人著・イーグレープ刊）
『日本宣教におけるキリスト教葬儀　～開かれたキリスト教葬制文化を目指して』
（キリスト教葬儀研究会編・東京基督教大学国際宣教センター刊）
『日本同盟基督教団式文』（日本同盟基督教団式文作成委員会編・いのちのことば社刊）
『深い淵から』（今橋　朗著・日本キリスト教団出版局刊）
『牧師の仕事』（鈴木崇巨著・教文館刊）
『礼拝の祈り　手引きと例文』（鈴木崇巨著・教文館刊）
『われ山に向かいて目を上ぐ』（疋田　博著・いのちのことば社刊）

著者プロフィール ◆ 町田要一

1963 年 東京都文京区生まれ。1999 年 受洗。2007 年から企業で働きながら自宅を解放して自給伝道を始める。2011 年から足掛け 9 年、キリスト教葬儀社 3 社に勤務。2016 年 JTJ 宣教神学校卒業。2017 年 牧師按手。足立花畑《あだちはなはた》キリスト教会牧師。

いのちの遺言 〜葬儀屋から牧師へ
キリスト教葬儀の手引き／司式文例つき

2023 年 9 月 30 日　初版第 1 刷発行

著　者	町田要一
発行者	穂森宏之
編集者	福島さゆみ（Happy Islands Prod.）
発行所	イーグレープ
	〒 277-0921 千葉県柏市大津ヶ丘 4-5-27-305
	TEL:04-7170-1601　FAX:04-7170-1602
	E-mail:p@e-grape.co.jp
ホームページ	http://www.e-grape.co.jp

ISBN 978-4-909170-42-2